Himmel trifft Erde

Für Dich

Alina Pfeifer

Himmel trifft Erde

Über Gott und meine Welt

Poetry Slam

Patmos Verlag

VERLAGSGRUPPE PATMOS

PATMOS
ESCHBACH
GRÜNEWALD
THORBECKE
SCHWABEN
VER SACRUM

Die Verlagsgruppe
mit Sinn für das Leben

MIX
Papier aus verantwortungsvollen Quellen
FSC
www.fsc.org
FSC® C083411

Klimaneutral
Druckprodukt
ClimatePartner.com/14549-2003-1001

Für die Verlagsgruppe Patmos ist Nachhaltigkeit ein wichtiger Maßstab ihres Handelns. Wir achten daher auf den Einsatz umweltschonender Ressourcen und Materialien.

Verlagsgruppe Patmos in der Schwabenverlag AG, Ostfildern
www.patmos.de

Umschlaggestaltung: Finken & Bumiller, Stuttgart
Umschlagabbildung: Foto: Leonie Meyer, © Alina Pfeifer
Gestaltung und Satz: Schwabenverlag AG, Ostfildern
Druck: CPI books GmbH, Leck
Hergestellt in Deutschland
ISBN 978-3-8436-1263-0 (Print)
ISBN 978-3-8436-1273-9 (eBook)

Inhalt

Über das Glück

Was will ich Meer

Vorwort

Hey du!
Wie schön, dass du mein Buch liest!

Die Leute reden immer über »Gott und die Welt«, über alles und jeden, über alles und nichts.

In diesem Buch geht es um alles Mögliche aus meinem Leben. Die Texte sind eine Sammlung der letzten Jahre, sie reichen von meinen allerersten Texten bis hin zu den neuesten Texten, die ich geschrieben habe. Sie sind ein Mix aus allem, was das Leben so bereithält, und spiegeln in vielen Dingen meine Sicht auf das Leben wider. Das Leben, die Liebe, der Glaube, Selbstzweifel, Freundschaften, so viele Fragen, die nie beantwortet werden, und wir mittendrin ...

Komm doch mit, lies gerne weiter und entdecke dabei meine Welt.

Und ja, auch wenn es schwer ist: Das Leben ist wundervoll! Voller Wunder eben! Es besteht aus großen und kleinen, sichtbaren und unsichtbaren Wundern! Und du bist es auch! Wundervoll! Du bist ein Wunder und du selbst bist voller Wunder, einzigartig und einmalig!

Alles Liebe, Alina

Videos zu den Texten, die mit diesem Symbol gekennzeichnet sind, sind auf Alina Pfeifers Youtube-Kanal zu finden.
Viel Spaß beim Anschauen!

Wie alles begann

Heimat

Heimat, was ist das?

Der Ort, an dem man ankommt. Ich bin dort und fühle mich wohl. Ich komme an. Der Ort, an dem Frieden herrscht. Aber Friede herrscht nicht, Friede ist.

Heimat, ein Wort, wo ist die Bedeutung? Ein Ort, wo ich zur Ruhe kommen kann. Erholung. Doch wer sagt, dass Heimat ein Ort sein muss?

Heimat, der Geruch. Ich öffne die Tür und bin Zuhause. Ein Geruch nach daheim. Es duftet nach »neu« und »ruhig«. Mollige Wärme. Der Geruch des Ankommens. Riechen meine Freunde den gleichen Duft? Der Duft nach Vertrautheit steckt genauso gut in einem Pulli, einem T-Shirt von vertrauten Personen.

Heimat ist überall.

Heimat, ist es wirklich ein Duft? Nein, doch eher ein Gefühl. Ein friedliches Gefühl. Das Gefühl, das gefühlt werden will. Ein Gefühl nach mehr.

Heimat, freundlich, hilfsbereit, zuvorkommend, vertrauensvoll.

Heimat: Menschen sind Heimat. Meine Familie, meine Freunde. Menschen, die das Leben lebenswert machen. Sprechen, ohne denken zu müssen. Tür auf, Freunde sehen, Heimat spüren.

Heimat, womöglich ist es die Natur. Die friedliche Natur mit all ihren Facetten. Die unberührte Schönheit. Doch was bringt diese Schönheit? Der Mensch zerstört zu viel.

Was ist das für eine Heimat, die voll von Terror, Unfriede und Hass ist? Wo ist die Liebe geblieben? Der Friede?

Kann man Heimat überhaupt zerstören, wenn man gar nicht weiß, was dieses ausdrucksvolle Wort bedeutet?

Braucht Heimat eine Bedeutung? Ist es nun ein Gefühl, ein Geruch, ein Ort, ein Mensch?

Es ist völlig egal. Jeder hat seine ganz eigene Definition. Im Kopf, im Herzen. Jeder kennt Heimat, völlig egal, was es nun ist. Aber man darf Heimat nicht verlieren, sie ist immer und überall. Sie ist einfach da. Doch was ist Heimat für dich? Wo bist du Zuhause? Was lässt dein Herz schneller schlagen?

Schönheit

»Das Größte, was wir können, ist, Mensch zu sein«, so sang es schon Christina Stürmer.

Ich sag es dir immer wieder, du bist schön. Wunderschön. Doch du antwortest mal wieder bieder, dass du hässlich seist. Du musst dich ja nicht gleich selbst lieben, aber annehmen, das wäre ein Anfang. Alle anderen sagen, du bist schön, aber du glaubst wirklich, sie meinen es nicht ernst. Für dich ist es zu schön, um wahr zu sein. Manchmal habe ich das Gefühl, du hast Angst, »Spieglein, Spieglein« zu sagen.

Du fühlst nichts mehr. Nur noch deine beraubte Persönlichkeit. Aber sie wird nicht geraubt, deine Persönlichkeit, du beraubst dich ihrer selbst. Du guckst in den Spiegel und siehst deine Schönheit nicht. Doch ich sehe sie. Ein schlauer Philosoph stellte einmal fest, dass die Schönheit in der Seele dessen liegt, der sie betrachtet.

Sie ist da, deine eigene persönliche Schönheit! Lass mal tiefer nach ihr suchen, in dir drin. Du bist zu gut! Lässt alles mit dir machen. »Nein« sagen, das gibt es bei dir nicht. Nur das machen, was andere wollen, doch so läuft es nicht. Nicht in unserer Freundschaft. Sei mal du selbst, sag mal »Nein« zu Dingen, zu denen du jetzt »Ja« sagst. Es ist okay. Krame tiefer nach dir. Wo bist du? Ich will dir helfen, aber du machst dicht. Verschließt dich wie ein Schloss, wirfst den Schlüssel weg. Doch glaub mir, ich kann fangen. Ich habe ihn, den Schlüssel zu deinem Herzen. Ich habe dich enttarnt. Du machst Dinge aus Gründen, die ich nicht verstehe. Dinge, die du lieber lassen solltest. Aber okay, ich lass dich nicht in dein Verderben laufen. Ich bin da und ich bleibe dort.

»Das Größte, was wir können, ist, Mensch zu sein.«

Wir selbst zu sein.

Sei mal du selbst! Es heißt: »Nur wer abspringt, lernt auch fliegen.«

Glaub mir, Kind, du wirst siegen! Glaub an dich, deine Persönlichkeit und deine Schönheit.

Schön. Ja, schön bist du wirklich. Von außen bis ins Herz und wieder zurück. Aber heit? Heit wie Heiterkeit, heit wie in Unbeschwertheit? Nein, du bist nicht heiter und auch nicht unbeschwert. Du fühlst dich so schwer wie ein Backstein auf dem See, du sinkst. Nein, gar nicht. Ich halte dich, solange es geht. Und es wird ewig gehen. So lange, bis die eine künstliche Rose inmitten der echten Rosen verblüht. Du bist nicht schwer. Du bist eine Feder.

So unbeschwert. Und heiter, meine Süße, bist du auch. In deinem verschlossenen Herzen lebt das Kind. Das fröhliche Kind. Lass sie zu, die Heiterkeit und auch die Unbeschwertheit.

»Das Größte, was wir können, ist, Mensch zu sein.«

Doch wir wären so gerne jemand anderes, vielleicht ein Halbgott, so wie die anderen es zu sein scheinen.

Aber hör auf, die anderen anzugucken! Sie sind gut, reich, hübsch und beliebt. Na und?! Schau dich an, du bist mein Wunder! Ist das nicht genug? Weißt du es denn nicht zu schätzen? Ich bin da für dich. Wie in all den Jahr'n. Ich brauche dich. Ich liebe dich. Komm, nimm dich an! Lass die anderen sie sein und dich du sein!

Denn schon MoTrip war der Meinung: »Lass die anderen sich verändern und bleib so, wie du bist! Ich mag dich so, wie du bist, ich brauch dich so, wie du bist!«

Doch die nächsten Zweifel kommen wie eine Welle. Du verlierst das Surfbrett und tauchst ab. Tauch doch einmal ein, ein in dein Leben. Denke drüber nach, und wenn du fertig bist, tauche wieder auf. So machen es die Profis und dann schaffst du das erst recht!

»Spieglein, Spieglein an der Wand, wer ist die Schönste im ganzen Land?«

Schönheit ist Ausstrahlung. Wie sagt man immer? Schönheit ist vergänglich. Ja, aber echte Schönheit währt lebenslänglich.

»Das Größte, was wir können, ist, Mensch zu sein.«

Lass das pessimistische Denken! Das Glas ist halb voll und nicht halb leer. Lass das Opferrollen-Denken weg! Du bist kein Opfer, du bist der Täter. Du schreibst dein eigenes Buch. Das macht man nicht passiv, sondern aktiv! Keiner hat gesagt, dass du alleine bist. Doch du vergisst. Schreib deine Rechnung nochmal neu und ergänze mich. Denn mit mir kannst du rechnen! Ich zähle auf dich und du auf mich. Ich bin immer noch da, notier dir das!

Bei mir kannst du so sein, wie du wirklich bist. Ich hoffe, du kannst dann wie Namika sagen: »Bei dir kann ich ich sein, verträumt und verrückt sein.« Denn du bist mein Lieblingsmensch. Und ich kann nicht auf dich verzichten!

Höre also auf, dich selbst zu vernichten, nimm dich an und akzeptiere deine Schönheit!

»Denn das Größte, was wir können, ist, Mensch zu sein.«

»Und wir gehen den Weg von hier Seite an Seite, ein Leben lang, für immer. Denn wir gehen den Weg von hier weiter und weiter ein Leben lang, für immer!«

Special Effects

Jeder kennt sie. Jeder hat sie. Es gibt gute und schlechte. Unsichtbare und sichtbare: Macken. Meine Freundin, sie isst nichts, was sich vermischt. Sie bekommt regelrecht Anfälle, wenn ich genüsslich Apfelbrei auf meinen Kartoffelbrei klatsche. Am liebsten würde sie die Lasagne entschichten. Meine andere Freundin läuft jedes Mal einen Halbmarathon, wenn sie Füße anpacken muss. Und ich? Ich schaue hinter jede Tür dreimal, ob ich auch wirklich das Licht ausgemacht habe, kann Dinge nicht um kurz vor fünf oder um kurz nach fünf machen, nein, es muss genau fünf sein. Und Perfektionismus ist leider auch eine meiner Macken. Leider? Sind es nicht Macken, die uns einzigartig machen? Ohne Macken wären Menschen doch langweilig! Und wer sagt, dass es Macken sind? Es sind Special Effects.

Macken, ja, die haben auch Menschen mit Behinderung. Aber warum Behinderung? Sie sind doch genau wie wir: Menschen! Okay, manchmal haben sie ein Chromosom mehr als wir, aber auch das macht sie nicht zu einem Nichtmenschen. Manchmal ertappe ich mich dabei zu realisieren, dass ich nicht nur ein *Chromosom* weniger habe als sie, sondern dass ich auch so weniger habe. Denn manchmal denke ich, *ich* sei behindert. Verhindert. Stehe mir in zu vielen Dingen selbst im Weg und seh die Welt nicht so, wie es die Menschen tun, die wirklich als behindert gelten.

Ich kenne ein Mädchen, das hat das Down-Syndrom, und immer wenn ich in ihrer Nähe bin, würde ich mich am liebsten auf eine Reise mit ihr begeben, um einmal ihre Welt zu sehen. Sie nimmt Menschen wahr, die ich nur dunkel im Augenwinkel sehe. Sie sieht selbst mich anders, als ich es tue, sie nennt mich »Meine Hübsche«. Während ein Teil meiner Mitmenschen nur heuchelt, weiß ich bei ihr ganz genau: Sie meint es ernst, es kommt von Herzen, denn sie ist einer der ehrlichsten Menschen, die ich kenne. Wenn sie schlechte Laune hat, hat sie schlechte Laune und versteckt sich hinter keiner Maske, um andere zu täuschen, und wenn sie mich in den Arm nimmt, dann weiß ich, sie mag mich wirklich.

Manchmal frage ich mich, ob sie weiß, dass sie anders ist, und ob sie gerne mal so wäre wie wir, also mit einem Chromosom weniger. Doch ich glaube, sie liebt ihre Welt mit Filmen, wunderschönen Geschichten und vielen Liedern, die sie auswendig kennt. Sie will nicht so sein wie ich. Denn im Gegensatz zu mir liebt sie Schule. Und ihre Freunde können sich glücklich schätzen, denn auch hinter ihrem Rücken redet sie nur gut von ihnen.

Doch trotzdem werden Menschen, die anders aussehen, sich anders verhalten und vielleicht einfach anders sind, in unserer Gesellschaft schräg angeguckt. Was gibt es Menschen, wenn sie anders wirkenden Menschen hinterherschauen? Ich starre sie ja auch nicht an, wenn ich ihr Gesicht zu hässlich finde, weil sie es mit Schminke überdecken, damit andere ihre Traurigkeit nicht entdecken! Menschen mit Behinderung tragen ihre Macken nach außen aus, sie schämen sich nicht dafür. Okay, viele haben auch kein Bewusstsein dafür, aber gerade das Mädchen, das ich kenne, lebt und liebt ihr Leben. Sie ist sie selbst und in vielen Dingen genau wie jedes andere Mädchen in der Pubertät. Zickig, launisch, aber gleichzeitig hilfsbereit, liebevoll und verliebt.

Oft denkt man, dass Menschen mit Behinderung nicht alles verstehen wie ein Kleinkind, was für viele Dinge zu jung ist. Doch sie verstehen mehr, als wir denken, und manchmal sind wir es, die sie nicht verstehen.

Und das nächste Mal, wenn du behindert als Schimpfwort verwenden willst, denke doch erst mal drüber nach! Sie haben so viel mehr, was uns noch fehlt.

Denn letztendlich sind wir alle Menschen. Menschen mit Special Effects. Und diese Special Effects sind bei jedem Menschen anders ausgeprägt, sonst wären sie nicht mehr special.

Wir alle sind besonders, berührend, bärenstark, bedeutend und bedingungslos, bedingungslos geliebt. Von Menschen und von Gott, der jeden Menschen mit anderen Special Effects ausgestattet hat. Und zusammen erstellen wir Menschen: alle – groß, klein, dick, dünn, mit Behinderung und ohne Behinderung – alle. Zusammen spielen wir mit all den Special Effects den größten und coolsten Kinofilm. Ein Film, der das reale Leben darstellt.

Und durch all diese individuellen, einzigartigen Special Effects wird der Film, wird unser Leben zu einer Limited Edition, einer Ausgabe, die es nur einmal gibt. Zusammen sind wir alle eins.

Ebbe und Flucht

Viele können das Wort nicht mehr hören und oft gehöre ich dazu: Flüchtlinge. Ich schlage die Zeitung auf: neue Skandale, neue Probleme. Ich kann das nicht mehr sehen, nicht mehr hören. Die meisten halten sich schon die Ohren zu, verschließen ihre Augen und leider auch ihr Herz. Parolen von »Wir schaffen das« bis »Ausländer raus« durchstreifen das Land. Meinungen, zweigeteilt. Und dann werde ich gefragt. Und stelle fest, dass ich keine Meinung hab oder haben will. Doch gewiss, aber ich weiß nicht, was ich machen soll. Die »Richtig oder Falsch«-Methode funktioniert hier nicht. Es ist ein Dilemma. Es zerbricht mein Herz, wenn ich die Bilder seh, die Geschichten höre. Und dann streiten sich die Menschen über Menschen, als wären es Dinge, sachliche Probleme, und ich werde wütend. Die Objektivität ist dahin. Die Verantwortung wird abgegeben, aufgeschoben, aufgehoben. Grenzen werden dicht gemacht.

Ebbe und Flucht.

Die Flucht kommt wie eine Welle, wie die Flut. Menschen fliehen vor dem Krieg und riskieren ihr Leben. Um Frieden zu finden. Doch statt Frieden finden sie das »Jeder gegen

Jeden«-Prinzip vor. Enttäuschte Hoffnungen und enttäuschte Erwartungen. Der Traum ist geplatzt. Doch statt Hilfe und Anerkennung stoßen sie auf Ablehnung, Fremdenhass und Vorurteile: Flüchtlinge kosten zu viel Geld, Flüchtlinge nehmen uns die Arbeitsplätze …

Man kann doch nicht berechnen, was ein Mensch im Jahr kostet. Menschen sind unbezahlbar und wir alle sind Menschen. Keiner ist besser oder schlechter als ein anderer.

Ebbe und Flucht.

In ihrem Land herrschte Ebbe. Dürre, Krieg, Zerstörung.

Flucht, auf und davon in ein neues Zuhause.

Zukunft und Perspektive suchen und finden.

Ebbe und Flucht. Die Hoffnung auf Frucht.

Die Briten diskutieren schon seit Ewigkeiten, ob die Migranten »gain« oder »drain« sind, ein Nutzen oder eine Belastung. Kritiker sagen, sie würden das Gesundheitssystem belasten, und andere sagen, Multikulturalismus sei Freiheit. Ethnische Gruppen wachsen zusammen und bereichern vor allem die Großstadt London. Also auch die Briten sind sich uneinig, ja, verlassen sogar die EU. Um unter anderem ihre eigene Flüchtlingspolitik zu betreiben. Wo sind die Werte geblieben?

Und doch stelle ich fest, dass auch ich zweifle, Fragen habe, ja sogar Ängste. Sicherlich kann Deutschland nicht jeden aufnehmen, aber es gibt Länder, die nehmen noch mehr auf. Doch die Luft ist raus, und so oft bekommt man nichts mit und ein anderes Mal zu viel. Ist die Politik in einer Sackgasse?

Ebbe und Flucht.

Was ist jetzt meine Meinung? Ich sitze im Bus und neue Menschen kommen rein. Man hört an ihrer Sprache, dass sie nicht aus Deutschland kommen, und auch ihre Hautfarbe ist anders. Ich denke erst mal nichts. Und irgendwann denke ich nach, will meine Vorurteile unterdrücken und schäme mich für diese. Oder ist es doch nur Angst? Wenn sie plötzlich anfangen, über Messer zu reden, die sie immer dabeihaben, um sich selbst zu verteidigen, frage ich mich: Bin ich noch sicher? Aber im nächsten Moment sag ich mir, nicht alle sind gleich. Jeder ist anders. Und anders ist nicht schlechter. Nicht jeder gleicht dem anderen. Nicht jeder ist schlecht. Nicht jeder ist gut.

Ebbe und Flut.

Was wird aus der Zukunft? Was wird aus meiner Zukunft? Was ist meine Meinung? Ganz sicher bin ich mir noch nicht. Es ist nicht leicht. Und ich glaube, es gibt nicht *die* Lösung.

Aber was ich weiß, ist, dass wir alle eine Gemeinsamkeit haben: Wir sind Menschen. Und wir haben das Recht auf Frieden, auf Freiheit. Können wir nicht öfters auf die Gemeinsamkeiten, anstatt auf die Unterschiede schauen? Viel mehr auf das, was verbindet, als auf das, was trennt?

Wir sind Menschen. Wir sind gleich.

Und darum finde ich, hat jeder eine Chance verdient.

Ebbe und Flut.

Können wir nicht alle zusammen der Anker auf See, das Ufer am Fluss, der sichere Halt im Sturm sein?

Alle an einem Strang?

Die Welt im Einklang?

Bitte? Für uns Menschen, für den Frieden.

Dorfliebe

Trubel, Hektik, Chaos, viel Verkehr, viele Geschäfte, Businessleben: Stadtleben.

Ruhe, weite Felder, kleine Tante-Emma-Lädchen, Tiere, Landwirtschaft: Dorfleben.

In einer Stadt ist viel los. Gestresste Menschen hechten durch die Geschäfte, kaufen sich jeden Morgen den gleichen Kaffee im gleichen Café, um ihn dann mit ins Büro zu nehmen. Wenn die Stadtmenschen ihre U-Bahn verpassen, schimpfen sie durch die Gegend: »So ein Mist, in zwei Minuten kommt erst die nächste.«

Man könnte meinen, in einem Dorf ginge es gediegener zu. Es gibt nicht so viele Einkaufsgeschäfte, also auch nicht ganz so viele hektische Menschen. Falsch gedacht. Montagmorgens um halb acht tauchen die ganzen Menschen mit ihren Autos auf der Straße auf. Menschen, die am Wochenende versteckt schienen. Wo kommen diese Menschen bloß her? Deshalb komme ich fast jeden Montag zu spät zur Schule. Weil es auf einmal Chaos gibt. Aber Busse verursachen immer Chaos. Manchmal wünschte ich, die Zuglinie würde noch existieren, aber das ist zu städtisch. Wenn wir einen Bus verpassen, heißt es: »Mist, der nächste fährt erst in einer Dreiviertelstunde.«

Stadtmenschen sind manchmal ganz schön verwöhnt. Die meisten arbeiten in der Stadt, können dort shoppen gehen und all die Sachen.

Auf dem Land muss man früher aufstehen, um in die Schule und zur Arbeit zu kommen. Zum Shoppen bleibt nicht ganz so viel Zeit wie in der Stadt, weil man eine halbe Stunde hin- und eine halbe Stunde zurückfährt. Aber dafür haben Dorfmenschen so viel, was Stadtmenschen nicht haben.

Dorfmenschen grüßen sich, weil man sich kennt. Dorfmenschen gehen jeden Morgen ins gleiche Café und holen sich einen Kaffee, aber die Bedienung kennt schon den Wunsch des Käufers. Wir Dorfmenschen kennen richtigen Schnee. Dieses Knirschen unter den Sohlen, das Schlittenfahren, die Schneespaziergänge und die Frühlingsluft, den Duft der Blumen. Nicht so viele Abgase und nicht so viel stauende Hitze zwischen den Häusern im Sommer.

Doch auf dem Dorf gibt es auch Chaos. Wenn es schneit, kann es passieren, dass man in höher gelegeneren Dörfern festsitzt und gezwungenermaßen eine Nacht woanders schlafen muss. Aber das ist mir egal, ich werde von der Sonne geweckt, höre die Vögel zwitschern. Und ich kenne ein Gefühl, dass Stadtmenschen nicht haben: die Angst vor Wildschweinen.

Stadtmenschen ärgern gerne Dorfmenschen, indem sie sagen, man lebe in einem Kuhkaff. Manchmal stimmt es, und ich würde gerne dem Duft des Kuhmistes ausweichen, aber alles hat seine guten und schlechten Seiten. Aber das Dorf hat mehr gute als schlechte. Auch wenn ich in Erdkunde manchmal das Gefühl habe, dass die Theorie der zentralen Orte knapp verfehlt wurde, ist es doch ganz schön, auf dem Dorf zu leben.

Ich glaube, bei Stadt- und Dorfmenschen handelt es sich um zwei unterschiedliche Gruppen. Die Stadtmenschen sind ja bloß neidisch auf die Natur. Und wir Dorfmenschen vielleicht auf die Zentralität?

Aber in einem stehen sich die beiden in nichts nach: beim Feiern. Bekannte aus Städten sagen immer, dass Dorfkinder wüssten, wie richtig gefeiert wird. Und ich feier es, dass ich ein Dorfkind bin. Auch wenn ich mein Dorf irgendwann vielleicht mal verlassen muss, um neue Eindrücke zu bekommen oder um zu studieren, und ein Stadtmensch werde, werde ich doch immer wissen, wo meine Heimat ist: auf dem Dorf. Denn ich bin stolz darauf, sagen zu können: »Ich bin ein Dorfkind!«

Weltvoll

Ich sitze hier oben und du da unten. Die Welt sieht so klein und mickrig aus, kaum vorstellbar, diese ganzen Probleme. Ich passe auf dich auf!

Ich sitze hier unten und du da oben. Die Welt sieht so groß aus. Ich kann nur erahnen, wie sie ganz aussieht. Von hier aus kann ich nur bis zum nächsten Horizont sehen. Die Probleme erdrücken mich. Jeden Tag wünsch ich mir meine Kindheit zurück. Mein altes Glücklichsein, meine Unbeschwertheit, meine alten Freunde, meine Schaukel, ja, sogar meine offenen Knie wünsch ich mir zurück. Mama hat gepustet, und ich habe weitergemacht. Keine Angst vorm Fallen, Mama und Papa waren ja da. Meine Welt war wertvoll. Und jetzt?! Jetzt gibt es Probleme, Streit und gebrochene Herzen. Krieg, Leid, Trauer und den ganzen Scheiß.

Ich will meine blutigen Knie zurück.

Diese Welt soll wertvoll sein? Weltvoll. Die Welt ist voll. Viele Menschen. Viele Probleme. Viel Hunger. Viel Armut. Viel Ungerechtigkeit. Viel Reichtum. Viel Geld. Aber zu wenig Liebe, Geduld, Fürsorge, wirklichen Reichtum, Glaube, Friede. Wo ist da die wertvolle Welt geblieben?!

Ich will meine blutigen Knie zurück.

Freunde enttäuschen mich. Feinde verletzen mich. Der Held hat ausgedient. Ich will meine blutigen Knie zurück.

Ich sitze hier oben und du da unten. Keine Sorge, mein Kind, alles wird gut.

Ich sitze hier unten und du da oben. Du hast leicht reden. Du sitzt da oben, du erlebst den ganzen Mist nicht.

Ich will meine blutigen Knie zurück.

Und dich, ja dich, will ich auch zurück. Hier unten. Du fehlst mir, ich vermisse dich. Alle sagen, das Leben geht weiter. Toll. Aber *wie* geht es weiter? Jeden Tag durch den Tag schleppen. Wo ist meine wertvolle Welt geblieben? Weltvoll. Volle Welt. Tolle Welt. Hier gibt es viele Menschen, aber keiner ist wie du. Dein Lachen, dein Gesicht, ich verliere es fast. Ich koche deine Sachen nach, doch alles landet im Klo. Ich bin hier unten und du da oben.

Ich will meine blutigen Knie zurück.

Ich bin hier oben und du da unten. Ich hätte dir gerne noch so viel gezeigt, doch meine Zeit da unten hat sich zum Ende geneigt. Doch ich sitze hier oben und schaue dir zu. Du machst alles so toll. Ich bin stolz auf dich.

Ich sitze hier unten und du da oben. Ich habe nicht mehr viel Zeit, gleich muss ich aufstehen. Doch dieser Traum war wunderschön. Einmal noch mit dir reden.

Ich will meine blutigen Knie zurück.

Ja, aber was bringt mir diese Vergangenheit? Die ganze Wehmut? Ich muss nach vorne schauen. Versuchen, die zerbrochene Welt zu reparieren. Wie damals meine blutigen Knie. Die weltvolle, wertvolle Welt genießen.

Ich sitze hier oben und du da unten. Ich werde dich nie vergessen und dich jeden Tag sehn. Lass los, mein Kind.

Ich lass los. Ich will meine blutigen Knie zurück.

Ja, aber auch meine neue wertvolle Welt!

Hilfe

Ich sitze hier und du sitzt da. Du sitzt da und ich sitze hier. Zwischen uns ist Platz. Zwischen uns eine Kluft, die größer nicht sein könnte. Eine Kluft voll mit Vorurteilen, Unterschiedlichkeiten und Gegensätzen. Die Kluft sorgt für Distanz.

Ich würde so gerne sagen, ich verstehe dich. Doch, es tut mir leid, das kann ich nicht. Ich kann zwar mitfühlen, aber ich werde es nie verstehen. Flucht, Angst, Panik, Lebensangst. Krieg, Zerstörung, Leid.

Mir geht es auch nicht immer gut, aber das, was du erlebt hast, kann ich einfach nicht verstehen. Und dennoch tust du mir leid. Sehr sogar.

Ja, ich höre von Menschen, die ihr Land verlassen müssen, ihr Leben riskieren und dann noch ihre Familie verlieren. Sie kommen an, geschwächt, schockiert und manchmal sogar krank, innerlich wie äußerlich.

Und ich bekomme so wenig davon mit. Lebe so oft in meiner heilen Welt. Doch du tust mir leid.

Aber Mitleid ist nicht das, was du brauchst, nicht noch mehr Leid. Du brauchst Hilfe. Aber das Annehmen ist schwer. Und das versteh ich wirklich. Doch hey, du brauchst dich für Hilfe nicht zu schämen. Die Menschen meinen es gut mit dir. Und ja, es gibt Menschen, die meinen es nicht gut mit dir, aber nicht jeder ist gleich. Gib ihnen eine Chance. Du brauchst Hilfe, und das meine ich nicht böse, sondern lieb.

Ich sitze hier und du sitzt da. Du sitzt da und ich sitze hier. Zwischen uns ist Platz. Zwischen uns schwimmen Tränen und Angstschweiß. Du bist zerbrochen, ich sehe das. Nimm Hilfe an, bitte.

Es ist nichts Schlechtes und nichts Verwerfliches. Es gibt Menschen, die dir helfen wollen. Es wird Zeit für einen Neuanfang. Lass den Krieg in deinem Kopf und in deinem Herzen zu Frieden werden. Komm zur Ruhe, komme an. Und ich weiß, dass es leichter gesagt als getan ist; ich hab gut reden, denn eigentlich weiß ich nichts. Nichts von dir und deinem vorherigen Leben. Aber ich will dir helfen. Lass dir helfen.

Ich will dir helfen, doch oft weiß ich nicht wie und oft bin ich damit überfordert. Kann ich das denn? Dir helfen? Aber du hast mich getroffen, und ich bin dir begegnet, jetzt lass ich dich nicht allein. Lass dir helfen.

Du sitzt da und ich sitze hier. Ich sitze hier und du sitzt da. Zwischen uns ist Platz. Ich nehme meinen Stuhl und rücke näher zu dir. Jetzt sitze ich hier und du sitzt hier, gleich neben mir. Ich räume die Vorurteile aus, schaue auf die Gemeinsamkeiten, ich geb mir zumindest Mühe, nicht immer klappt es, aber wir sitzen hier. Und ich weiß, du brauchst Hilfe. Meine oder die eines anderen. Du bist wie ich, Menschen brauchen Frieden. Den sollst du haben. Und ich kann dir jetzt ins Ohr flüstern: »Bitte, lass dir helfen, ich bleibe auch da.«

Und jetzt endlich stehst du auf und lässt dir helfen.

Du kommst wieder und ich sitze immer noch da. Wie versprochen. Jetzt sitz ich hier und du sitzt hier, gleich neben mir. Wir beide nebeneinander. Kein Platz dazwischen. Keine Kluft, keine Tränen.

Hilfe? Angenommen!

Wer bin ich?

Sein

Wie soll ich sein, ohne zu wissen, dass ich bin,
wer ich bin.
Sag mir, wie soll das gehen?
Als du gingst, nahmst du was mit. Jemanden
mit. Du nahmst mich mit.
Den Teil von mir, den ich brauche. Den Teil,
der mir fehlt.
Wie soll ich fühlen mit dieser Leere?
Sag mir, wie soll ich sein?
Wie soll das gehen?
Also bin ich so, wie die anderen es sagen.
Aber ich entspreche sowas von nicht der Norm,
passe in keine Form
und ärgere mich enorm
über meinen Zorn.
Für wen, für was, zu welchem Preis?
Zeichnet sich aus mein Fleiß?
Mir ist zu heiß,
zu eng, zu streng, und endlich macht es peng.
Der Knoten ist geplatzt.
Endlich wieder reden, wieder schreiben,
endlich wieder gehen, wieder schreien.
Endlich wieder sein.
Verstehst du jetzt, dass es nicht funktionieren
kann?

Ich muss erst wissen, wie ich sein soll, wie ich bin,
um herauszufinden, wer wir sind.
Zu dem Wir gehört das Du. Und das Ich.
Und ich weiß nicht, wie das tickt, mein Ich.
Weil da dieser Teil fehlt.
Und den kann mir niemand geben, außer der, der ihn mitnahm.
Ich entspreche sowas von nicht der Norm,
passe in keine Form
und ärgere mich enorm
über meinen Zorn.
Für wen, für was, zu welchem Preis?
Zeichnet sich aus, mein Fleiß?
Mir ist zu heiß,
zu eng, zu streng, und endlich macht es peng.
Der Knoten ist geplatzt.
Endlich wieder reden, wieder schreiben,
endlich wieder gehen, wieder schreien.
Endlich wieder sein.
Das Privileg zu sein.
Aber nicht mal privilegiert fühle ich mich.
Was ist dieses Sein?
Das Dasein?
Ich lass dich gehen, um zu finden, was das ist, das Sein.
Und ich kann nicht mit dir sein, ohne zu wissen, wie es ist, zu sein ohne dich.

Ich kann nicht mit dir,
denn ich kenne kein Wir, ohne mich.
Und mich kenne ich nicht.
Also geht kein Wir.
Verstehst du das?
Ich bin der Eisberg.
So kalt, so leer und so oberflächlich. Und unterm Wasser ist noch so viel mehr,
was ich nicht kenne, ergründen muss ich es erst.
Ich bin die Titanic.
Steuer ohne zu denken auf den Eisberg zu, meinen Eisberg zu,
verstehst du?
Ich stoße mich an meinem eigenen Berg.
Stehe mir selbst im Weg.
Eine Gefahr für mich.
Und für dich.
Wie oft sag ich mir, lass es sein.
Lass es bleiben, wie es ist.
Nur dass sich dann nie was ändert.
Es ist Zeit.
Ich lass dich gehen, lass mich los.
Ich ärgere mich über diesen Zorn.
Ich hasse das Hassen so sehr, dass ich anfange, noch mehr zu hassen.
Ich hasse es, wie ich hasse.
Und sag mir, ich soll es lassen.

Aber dafür fehlt zu viel.
Zu viel wurde mitgenommen.
Als er sich entschied, mein Leben zu verlassen, fühlte *ich* mich verlassen. Alleine, im Stich gelassen, und so muss ich dich gehen lassen, um wieder zu sein.
Verstehst du, es ist besser so.
Für alle, für dich, für mich, für uns.
Und so gehen wir weiter, getrennt, mit dieser Phrase im Kopf:
Ich entspreche sowas von nicht der Norm,
passe in keine Form
und ärgere mich enorm
über meinen Zorn.
Für wen, für was, zu welchem Preis?
Zeichnet sich aus, mein Fleiß?
Mir ist zu heiß,
zu eng, zu streng, und endlich macht es peng.
Der Knoten ist geplatzt.
Endlich wieder reden, wieder schreiben,
endlich wieder gehen, wieder schreien.
Endlich wieder sein.
Irgendwann werde ich aufhören zu fragen, wie es ist zu sein. Irgendwann werde ich wieder sein.
Irgendwann werde ich sagen, ich bin.

Und so lange versuche ich zu sein, *ich* zu sein und die Leere zu füllen mit dem Teil, der mir gehört.
Nichts und niemand hat uns zu sagen, wer wir sind und wer wir zu sein haben.
Du hast das Privileg zu sein.
Du zu sein.
Geh raus und sei.
Sei du selbst.
Denn du bist einzigartig.
Einzigartig.
Du.
Sein.

Wenn ich einmal groß bin

Ich sitze auf der Schaukel und denke an später. Wenn ich einmal groß bin, wird alles gut. Wenn ich einmal groß bin, macht das Erwachsenwerden richtig Spaß.

»Wenn ich einmal groß bin, werde ich Hausfrau«, sage ich zu meiner Mama. Weil ich es zu Hause mag und es liebe, mich um alles zu kümmern.

Wenn ich einmal groß bin, werde ich Floristin, weil die Blumen so gut duften und so schön sind.

»Wenn ich einmal groß bin …«, dachte ich früher.

Ich dachte nicht an Geld verdienen, Verantwortung übernehmen, an Pflichten.

Ich dachte an hohe Schuhe und coole Taschen tragen und die Klamotten kaufen, die ich will, weil ich nicht mehr rauswachsen kann.

Wenn ich einmal groß bin, trinke ich Kaffee, so wie die Erwachsenen.

Wenn ich einmal groß bin, muss ich nie mehr lernen und bin schlau.

Wenn ich einmal groß bin, muss ich nie wieder schlafen, wann Mama das will, dann kann ich bis nachts aufbleiben.

Dachte ich früher.

Jetzt bin ich 17 und dabei, erwachsen zu werden. Trinke Kaffee, aber nicht, um erwachsen zu werden, sondern um nicht einzuschlafen. Kaffee ist mein Wachhalter, damit ich lernen kann, weil ausgelernt hast du nie, und deshalb werde ich nie fertig mit dem Schlausein. Ich muss an meine Zukunft denken und an das Geld.

Jetzt bin ich fast groß und schlafe mittags und abends früh, ohne dass Mama das von mir will. Versuche dem Alltag zu entkommen.

Die Welt befiehlt mir, Kalorien zu zählen und ins Fitnessstudio zu gehen. Darf ich noch einmal klein sein?

So viele Schokoriegel essen, bis Mama »Stopp« sagt und nicht mein Kalorienbedarf.

So viel Süßigkeiten essen, bis ich Bauchschmerzen hab.

So lange schlafen, bis Mama mich weckt und mir die Klamotten raus legt.

Wenn ich einmal groß bin ...

Und jetzt sitze ich hier ganz allein auf meinem Bett, mit dem Kaffee in der Hand, und gucke Netflix, sollte eigentlich lernen, Sport treiben oder philosophieren. Aber das Träumen macht so viel Spaß.

Wenn ich einmal groß bin, will ich berühmt sein. Eine Schauspielerin, die jeder kennt.

Wenn ich einmal groß bin, will ich berühmt sein. Ein schlankes Model. Das dachte ich.

Und jetzt sitze ich hier ganz allein. Hab hohe Schuhe an, trage 'ne Schickimicki-Tasche und will meine Buddelhose zurück. Zurück in den Matsch. Und zurück zu dem Quatsch.

Als ich noch klein war, kannte ich diese Welt nicht. Meine Welt entwickelte sich von »Jungs sind beste Freunde« zu Jungs sind »ihhh« bis hin zu einer Beziehung.

Meine Welt entwickelte sich von »Was ist Alkohol?« bis hin zu Partys.

Meine Welt entwickelte sich von Friede, Freude, Eierkuchen zu Streit, Krieg und Zerstörung.

Von Unbeschwertheit zu Pflichten.

Von Schwerelosigkeit zu festem Boden unter den Füßen, der mich wie Beton einmauert.

Wenn ich einmal groß bin, was soll aus mir werden? Wie soll ich der Welt genügen?

Ich wachse auf mit der Erkenntnis, dass es immer Bessere gibt. Du gibst dein Bestes, aber oft genügt es nicht. Es ist nicht gut genug.

Nicht gut genug für meine Pläne.

Wenn ich einmal erwachsen bin, will ich was sein, jemand sein.

Keine Ahnung, was.

Die Zeit heilt alle Wunden. Aber die Wunden reißen wieder auf. Warum war früher alles besser?

Wir wollen zurück in den Kindergarten. Wir wollen wieder Kind sein.

Ich will wieder in den Kindergarten. Alles nochmal erleben.

Aber nur bis zu einem bestimmten Tag in der Grundschule. Zurück bis zu dem Tag, an dem mein bester Freund nicht mehr mit mir spielen wollte, weil ich ein Mädchen bin. Da fing das harte Leben an.

Zickenkriege, Eifersucht, Neid, zerbrochene Herzen, zerbrochene Freundschaften. Aber eigentlich war das alles noch nicht so schlimm.

Meine größte Angst war, dass jemand tatsächlich kommt, der auf dem Klo geschrieben hat: »Ich war hier.«

Wir waren Kinder. Brave Kinder. Aber auch Kinder können böse sein. Richtig garstig. Wir haben »Wer hat den schönsten Schuh?«, Gummitwist und »Verliebt, verlobt, verheiratet und geschieden« gespielt. Sind das Hickelhäuschen rauf- und wieder runtergesprungen.

Dabei wurden gelegentlich andere ausgegrenzt und ausgelacht.

Ich bin nie über Hürden gesprungen und hab auch nie den Schulhof von oben gesehen, weil ich mit Höhenangst das Klettergerüst nicht erklimmen wollte.

Da fing das harte Leben an.

Aber das war alles noch nicht so schlimm. Wir wollen ja wieder zurück, oder? Früher war ja alles besser. In den Zeiten, in denen wir zwei Initialen mit einem Plus dazwischen und einem Herz drumherum in die Rinde geritzt haben. Oder auf dreckige Autos geschrieben haben.

Zurück in die Zeit, in der wir Banden gegründet haben, von denen andere ausgeschlossen wurden.

Aber das war ja alles nicht so schlimm.

Sagen wir heute.

Damals war das schlimm.

Werden wir in ein paar Jahren auch sagen, dass heute nicht so schlimm war?

Werden wir in ein paar Jahren sagen: »Früher war alles besser«?

In einem sehr weisen Buch steht, dass man mit diesem Satz verrät, das richtige Leben noch nicht zu kennen.

Und vielleicht heilt die Zeit auch nicht alle Wunden. Vielleicht heilen alle Wunden die Zeit.

Vielleicht tun die Wunden und Narben weh. Aber sie zeigen uns, dass wir die Zeit überstanden haben und stärker und reifer geworden sind.

Die Wunden zeigen uns, dass man schlimme Zeiten überstehen kann.

Die Zeit rennt davon. Zeit ist so wichtig, dass sie mit Geld gleichgesetzt wird. Und Wunden können die Zeit heilen, sie anhalten.

Zu jeder Wunde gibt es eine Geschichte.

Eine Geschichte, unabhängig von der Zeit. Denn die Geschichten können wir gestern, heute und morgen erzählen.

Früher war nicht alles besser.

Aber die Wunden heilen die Zeit und lassen uns das glauben.

Wunden und Narben machen uns stärker.

Also lass die Zeit los und lerne das Leben kennen.

Ändere die Perspektive.

Vielleicht zeigen deine Narben dir, wie stark du bist, und machen dein Heute lebenswerter.

Und vielleicht heilen alle deine Wunden dann die Zeit.

Ich sitze auf der Schaukel und denke an später.

Und mir wird bewusst: Wenn ich einmal alt bin, will ich sagen können, als ich einmal klein war, träumte ich von einer Welt – meiner Welt – und ich lebte diesen einen – meinen – Traum.

Wenn ich einmal groß bin, will ich nicht alles richtig machen, ich will, wenn ich alt bin, sagen können, ich bin stolz auf meine Fehler, die mich zu der Person machten, die ich bin.

Vergiss das »Wenn ich einmal groß bin ...«!

Wenn du deinen Traum träumen kannst, dann kannst du ihn auch leben.

Wenn ich einmal alt bin, will ich solche Ratschläge geben.

Fang an zu leben!

Wünsch dir was

Ich bin die, die nicht so auffällt, die sich aber gerne unterhält.

Ich bin das Mauerblümchen in der Ecke; das, das nicht so aufhellt.

Ich bin die, die versucht, es allen recht zu machen, ohne dabei auf sich zu achten.

Ich bin die, die am Wegesrand steht und den anderen beim Zieleinlauf zusieht, während ich kein Ziel habe.

Ich bleibe auf der Strecke.

Wer bin ich? Ich weiß es nicht, mache mir selbst was vor. Aber alle anderen wünschen sich was, also mach ich das.

Ich bin die, die sich vom Wind verteilen lässt, keine festen Wurzeln im Boden hat, sich leicht aus dem Konzept bringen lässt.

Ich bin die, die danebensitzt und denkt, sie gehöre nicht dazu.

Ich bin die, die verglichen und verniedlicht wird.

Ich bin die, die ein Herz aus Beton hat.

Wer bin ich? Ich weiß es nicht, mache mir selbst was vor. Aber alle anderen wünschen sich was, also mach ich das.

Wer bin ich? Na, erkennst du mich?

Ich bin die, die immer nur von dem Ich redet; Ich, Mir, Mich, aber sich dabei trotzdem vergisst.

Wir sind die, die am Wegesrand blühen, den Asphalt zerbrechen und wie Unkraut wuchern.

Wir sind die, die in der Wiese wachsen und den kleinen Kindern Flecken verpassen.

Wir sind die, die ausgelöscht und ausgepustet werden.

Wir sind die, die ihre Blüten verlieren, weil andere sie wegpusten.

Wir sind die, die ihre Wurzeln verlieren, weil andere sie für schlecht erklären.

Wir sind die, die gepflückt und angepustet werden, während jemand sagt: »Wünsch dir was.«

Wer bin ich? Erkennst du mich?

Wer sind wir? Erkennst du uns?

Ich, ich bin eine Pusteblume. Wachse auf Wiesen, und kleine Kinder pusten mich an.

Ich verliere meine Blüten, aber die Kleinen wünschen sich was.

Ich bin eine verwelkte gelbe Blume, ich war mal ein Löwenzahn, aber ich bin grau geworden.

Aber wir, wir sind der Löwenzahn.

Zerbrechen gemeinsam den Asphalt und machen graue Straßen bunt; wir sind so frech, wir können eklige Flecken verpassen.

Wir bilden ein gelbes Blumenmeer und sind zusammen so viel mehr, so viel schöner. Und so stark, viel besser als das Ich, Mir, Mich.

Und wenn wir verwelken, werden wir beide grau.

Dann kommen kleine Kinder und wünschen sich was …

Wer bin ich? Ich bin's – die Pusteblume. Alle anderen wünschen sich was, also mach ich das.

Phhhh … wünsch dir was.

Die verirrte Beziehung

Herz – laut Definition »ein Organ, das Blut durch die Adern pumpt, oder das Wesen eines Menschen, das sich in seinem Verhalten ausdrückt«.

Verstand – »die Fähigkeit des Menschen, zu denken und zu urteilen«.

Aber kann das eine ohne das andere? Wie soll man denken und urteilen, ohne Herz? Es wäre kalt. Doch genau das erklärt die Umstände dieser Welt, ohne Herz wird beurteilt.

Mein Herz drückt sich in meinem Verhalten aus. Aber kann ich ohne Verstand handeln?

Welches der beiden ist wichtiger? »Höre auf dein Herz.« Aber mein Herz macht nur irgendwelche Faxen, schickt mich in ein Labyrinth und mittendrin sagt es: »Lebe wohl, den Rest musst du alleine schaffen.« Nun greife ich auf meinen Verstand zurück, aber der denkt zu rational. Hilft mir auch nicht, aus dem Labyrinth herauszukommen.

Bei meinem Herzen und meinem Verstand ist es wie bei meinem Bizeps und Trizeps. Das Gegenspielerprinzip ist am Werk. Wenn der eine sich beugt, streckt sich der andere.

Wenn mein Herz »ja« sagt, sagt mein Verstand »nein«. Wenn mein Herz »nein« sagt, sagt mein Verstand »ja«.

Dann bleibe ich doch lieber bei der Mathematik. Zahlen und Fakten zählen. Mathefreaks sind der Meinung, dass man mit Mathe Dinge ausdrücken kann, die man mit Worten nicht beschreiben kann. In der Mathematik gibt es nur richtig oder falsch, man kann alles erklären, ohne um den heißen Brei herumreden zu müssen.

Doch auch die berühmtesten Mathematiker schrieben über den Kampf zwischen Herz und Verstand. Blaise Pascal war der Meinung, das Herz tue Dinge aus Gründen, die der Verstand nicht nachvollziehen könne. Albert Einstein sagte, Fantasie sei wichtiger als Wissen, denn Wissen sei begrenzt.

Toll, selbst Mathematiker sind verwirrt. Und die beschäftigen sich mit der Unendlichkeit. Aber die Unendlichkeit wird immer eine Sache bleiben, die Menschen fasziniert. Kann man die Unendlichkeit endlich machen?

Aber was geht mich die Unendlichkeit an, ich komme ja nicht mal mit der Gegenwart klar. Mein Herz und mein Verstand verstehen sich nicht. Und ich muss darunter leiden. Ich sitze immer noch im Labyrinth und bin verwirrt. Habe Augen, die nicht sehen, Ohren, die nicht hören, ein Herz, das nicht schlägt, und einen Verstand, der nicht denkt.

Man sagt immer so schön: »Die Gedanken sind frei.« Aber selbst das wird einem genommen. Die Menschheit diskutiert darüber, ob der Mensch wirklich seinen freien Willen hat oder ob man vorhersehen kann, was in der nächsten Millisekunde passiert, weil Nervenbahnen einen Menschen lenken. Sind lebendige Menschen also bloß ein von Nervenbahnen gesteuerter Roboter?

Warum ist mein Herz ausgeschaltet? Schalt es wieder ein.

Aber alles scheint ausweglos zu sein, ich bin im Labyrinth, mein Verstand kämpft gegen mein Herz, und ich versuche, es zu besiegen. Will Gewalt mit Gewalt bekämpfen, genau wie die übrige Welt. Doch anstatt zu helfen, ist man auf dem besten Weg, sich selbst auszulöschen.

Warum ist mein Herz ausgeschaltet? Schalt es wieder ein.

Ich will aus dem Labyrinth raus. Mein Verstand soll wieder mir gehören.

Warum ist mein Herz ausgeschaltet? Schalt es wieder ein.

Ich will Frieden. Innerlichen, um ihn dann nach außen auszutragen.

Warum ist mein Herz ausgeschaltet? Schalt es wieder ein.

Aber wer, wer oder was in dieser unterkühlten Welt sollte dazu in der Lage sein?

Ich sitze im Labyrinth. Ich atme ein, mach die Augen zu. Denke an nichts. Und wie eine Schneeflocke im Sommer, tau ich auf. Mein Körper kann sich wieder bewegen. Zahlen und Figuren zählen nicht mehr.

Ich spüre Wärme. Mein Herz, es war tot.

Mein Herz ist eingeschaltet; wer hat es eingeschaltet?

Mein Verstand. Er hat es geweckt. Die beiden lieben sich jetzt und machen gemeinsame Sache.

Das Labyrinth ist zusammengefallen.

Mein Herz, es schlägt und schlägt und schlägt wieder.

Für Papa

Du hast uns aus deinem Leben gelöscht,
systematisch entfernt. Um frei zu sein.
Du glaubst, da draußen Freiheit zu finden und
das Glück, dein Glück.
Dabei war deine Freiheit bei uns, zuhaus.
Weißt du, dass du meine Familie warst, mein
Zuhause, mein Fundament und mein Grundstein,
ja, das warst du für mich.

Wir hatten nie das beste Verhältnis, aber du warst immer eine Person zum Aufschauen. Du gabst mir die Motivation und die Ratschläge fürs Leben. Ich sollte nie aufgeben. Und jetzt hast du uns aufgegeben.

Aber wir, wir halten zusammen. Du hast unser Herz und unser Fundament zerstört, aber wir, wir kleben das, halten uns an den Händen und schauen nach vorn, du kriegst uns nicht kaputt.

Du kannst uns Werte, Dinge und Geld nehmen, aber nicht einander.

Wir haben uns, halten zusammen, komme, was wolle.

Ich weiß nicht mehr, wer ich bin und wohin ich gehör, wohin ich geh.

Lenke ab und lüge Menschen an. Ich bekomme gesagt, ich bin stark, aber ich bin nicht stark. Ja, vielleicht bin ich sogar die Schwächste und Kleinste. Du manipulierst mich nicht, denn ich war schon immer kalt, ein Eisberg, und habe gewusst, wem ich vertrauen kann und wem nicht.

Weißt du, dass du meine Familie warst, mein Zuhause, mein Fundament und mein Grundstein, ja, das warst du für mich.

Meine Herkunft und mein Fels. Aber jetzt machst du mich fertig, uns fertig, ich kann nicht mehr denken, schreie leise im Dunkeln, breche zusammen und habe Blackouts. Ich suche die Sonne, aber der Schatten ist zu groß. Komme jeden Tag munter die Treppe runter und hoffe, alles ist gut, wieder gut, so wie früher, als ich auf deinen Schultern und auf deinem Schoß saß und wir uns einen Schaukelstuhl teilten.

Du hast die Spinnen und Heuschrecken entfernt. Weißt du eigentlich, was du alles für mich warst? Wer du für mich warst?

Du lügst, betrügst, manipulierst, heulst und lachst. Du kapitulierst.

Du bist allein, wir sind zusammen.

Ich will nicht, dass die Mauer ewig zwischen uns steht, aber jetzt muss das sein.

Ich weiß nicht mehr, wer ich bin, wohin ich gehör und wohin ich geh.

Ich weiß nicht mehr, was ich kann und was nicht, ich sitze orientierungslos im Dunkeln und strecke meine Hände nicht mehr aus. Ich laufe lieber gegen die Wand, als noch einmal Vertrauen aufzubauen, um es dann zu verlieren.

Ich war naiv, glaubte immer an das Gute im Menschen und wollte es nicht wahrhaben, was andere vorhersagten.

Wie kann man das mit dem Gewissen vereinbaren? Wie kann ich dir glauben, dass du mich liebst, wenn du mich so verletzt?

Und irgendwann will ich dir vergeben, aber jetzt muss ich erleben; erleben, wer ich bin, wohin ich gehör und wo mein Zuhause ist. Wohin ich geh.

Ich kann nirgends mehr hingehen, glaube, die Leute starren mich an und wissen Bescheid, so als ob ich der Verbrecher bin. Ich baue eine Scheiße nach der anderen und sage: »Mir geht es gut«, und gehe gekrümmt ins Bett und weine.

Du hast uns aus deinem Leben gelöscht,
systematisch entfernt. Um frei zu sein.
Du glaubst, da draußen Freiheit zu finden und
das Glück, dein Glück.
Dabei war deine Freiheit bei uns, zuhaus.
Weißt du, dass du meine Familie warst, mein
Zuhause, mein Fundament und mein Grundstein,
ja, das warst du für mich.

Ich habe dich lieb, dachte ich, und das macht das alles noch schwieriger. Ich habe dich lieb, glaube ich jedenfalls; ich will, dass du das weißt. Aber mehr geht nicht. Geht gerade nicht.

Geschichte

Gut, besser, am besten oder Vergangenheit, Gegenwart, Zukunft. Autoren der Vergangenheit – haben sie sich die Zukunft bloß vorgestellt oder hatten sie Angst vor der Zukunft? Haben sie mit ihrer Angst meine Gegenwart beeinflusst oder ist ihre Zukunftsvorstellung durch bloßen Zufall so geworden, wie meine Gegenwart jetzt ist?

Meine Gegenwart war ihre Zukunft und ist morgen meine Vergangenheit und irgendwann ist mein Leben Geschichte.

Eine uninteressante Geschichte. Keine Geschichte für ein kleines Kind. Eine unbedeutende Geschichte, die für mich heute noch von so viel Bedeutung ist.

Aber was bedeutet mein Leben? Wer oder was bin ich? Wo gehöre ich hin? Mein Leben und das eines jeden anderen wird einmal Geschichte sein, aber wer schafft es wirklich, Geschichte zu schreiben? Was werden die Kinder der Zukunft lernen? Wen werden sie dann in den dicken Geschichtswälzern finden?

Meine Gegenwart war ihre Zukunft und ist morgen meine Vergangenheit und irgendwann ist mein Leben Geschichte.

Aber muss meine Angst vor der Zukunft die Gegenwart der Zukunftskinder zerstören? Ich will nicht so jemand sein, wie die Autoren meiner jetzigen Vergangenheit, die Bücher schrieben, wie sie sich die Zukunft vorstellten. Und heute ist es genauso, wie sie es sich vorgestellt haben. Warum? Könnt ihr das verstehen? Gut, ich auch nicht!

Meine Gegenwart war ihre Zukunft und ist morgen meine Vergangenheit und irgendwann ist mein Leben Geschichte.

Geschichten. Geschichten erzählen, Geschichten malen, Geschichten erfinden, Geschichte schreiben. Jedes Jahr zum Jahreswechsel sagt man, dass das Buch des neuen Jahres noch unbeschrieben ist und wir es füllen müssen. So ist es doch auch mit unserem Leben. Bei der Geburt unbeschrieben, und am Lebensende sollte nur noch Platz sein, für das, was noch kommt. Aber meine guten Vorsätze werden jedes Jahr länger und ich werde undankbarer, erwarte jedes Jahr ein noch besseres Jahr. Jedes Jahr lösen sich die meisten meiner Vorsätze im Laufe des Jahres auf. Oder manchmal wäre ich froh, alle Vorsätze am ersten – na gut, am zweiten – Januar erfüllt zu haben. Bin so naiv zu glauben, dass sich in der Silvesternacht bereits was verändert hat.

Meine Gegenwart war ihre Zukunft und ist morgen meine Vergangenheit und irgendwann ist mein Leben Geschichte.

Die Silvesternacht ist vorbei, die Feuerwerke sind erloschen. Nur noch die Wunderkerze brennt so leise, so knisternd vor sich hin. Und die letzten Funken verglühen auf meiner Hand.

Wie soll das Geschichteschreiben in meinem Leben aussehen? Was ist mit den bereits vollen, aber hässlichen Seiten? Kann ich die entfernen? So einfach, so unbeschwert, so leicht rausreißen. Ratsch, und alles rückgängig machen und dabei am besten noch die Zeit zurückdrehen?

Nein! Das ist Vergangenheit und das ist gut so. Jeder macht Fehler und das ist gut so. Wir sind Menschen und keine Maschinen. Machen Fehler und lernen daraus. Haben jeden Tag, jede Woche, jeden Monat, jedes Jahr, aber nur ein Leben lang die Chance, das Beste rauszuholen. Und dabei kommt es nicht auf höher, weiter, besser, schneller an, sondern darauf, sein Leben zu leben. Jeder auf seine eigene Art und Weise.

Meine Gegenwart war ihre Zukunft und ist morgen meine Vergangenheit und irgendwann ist mein Leben Geschichte.

Na und? Die Vergangenheit können wir nicht rückgängig machen. Wir müssen lernen, damit zu leben, und versuchen, es in der Gegenwart besser zu machen. Und mit Mut in die Zukunft gehen.

Das ist jetzt keine Bedienungsanleitung für ein perfektes Leben, denn wer hat das schon? Und ich glaube, ich bin zu jung, um weise Sprüche rauszuhauen, aber wenn das Leben eines lehrt, dann eben das.

Und jedes Leben ist anders. Keines gleicht dem anderen, deshalb funktioniert das Vergleichen nicht. Unser Leben ist so schön, so schön wir es selbst machen.

Meine Gegenwart war ihre Zukunft und ist morgen meine Vergangenheit und irgendwann ist mein Leben Geschichte.

Liebe Zukunftskinder, wenn ihr diesen Text in meiner Zukunft – also eurer Gegenwart – findet, wundert euch nicht über die Vergangenheit, da gab es so verrückte Leute, die versucht haben, Geschichte zu schreiben.

Stille, Wille, Du

Alles wird still.

Und ich, ich frage mich, was ich will.

Ich weiß nicht mehr, ob ich das will, was ich dachte, was ich will.

Leute fragen mich nach meinem Willen und großen Plänen, und ich sage meinen fleißig auswendig gelernten Text auf.

»Erst denken, dann reden!«

Aber ich rede erst und denke dann, frage mich, was ich will? Ob mein auswendig gelernter Text wirklich noch mein Ziel ist?

Alles wird still.

Ich befinde mich im Alltagstrubel und mittendrin höre ich eine Stimme, die mich lenkt: »Ich will nach Hause!«

Doch wenn ich zu Hause bin, komme ich nicht zur Ruhe und wenn doch, dann überfordert die Situation.

Ich weiß nicht, was ich will.

Anforderungen, Erwartungen, Hoffnungen.

Mein Kartenhaus bricht zusammen. Doch war es jemals mein Haus? Das, was ich wollte?

Meine Erinnerungen halten mir wie ein Spiegel vor Augen, was ich mal wollte. Mein Ziel, es war zum Greifen nahe, doch ich entschied mich für den Umweg.

Alles wird still.

Und dann bist da noch du!

Du bist mein Anker mitten auf See.

Du bist mein sicherer Hafen mitten im Sturm.

Mein Licht am Ende des Tunnels.

Mein Kissen zum Ausweinen,
mein Stift zum Schreiben und
meine Luft zum Atmen.

Aber ich weiß nicht, was ich will, ob ich dich will.

Du verwirrst mich, lenkst und hältst mich vom Ziel ab.

Welches Ziel?

Ich frage mich so oft, was passieren würde, wenn ich anders handeln würde, als es alle erwarten.

Ich wäre anders. Aber anders heißt ja nicht schlechter, ja, vielleicht ist anders sogar einzigartig.

Anders heißt ja nicht schlechter, ja, vielleicht ist anders sogar echter.

Ich wäre ich. Wer bin ich?

Ich wäre Zuhause. Wo?

Ich wäre endlich mal ehrlich zu mir selbst. Wie?

Ich wäre anders, nicht schlechter, sondern einfach echter.

Und dann bist da du.

Du bist mein Anker mitten auf See.

Du bist mein sicherer Hafen mitten im Sturm.

Mein Licht am Ende des Tunnels.
Mein Kissen zum Ausweinen,
mein Stift zum Schreiben und
meine Luft zum Atmen.

Danke fürs Zurückkommen.

Ich will glücklich sein.

Aber was ist Glück? Definiere mir Glück.

Ich setze mir ein Ziel und denke, bei Erreichung des Ziels werde ich glücklich sein.

Und jedes Mal aufs Neue bin ich es nicht – glücklich.

Glück ist kein Event, kein Zeitpunkt.
Glück ist Glück.
Ich will Glück nicht suchen oder finden.
Ich will glücklich sein.
Glück.
Sein.
Leben.
Alles wird still.
Und plötzlich weiß ich, was ich will.

Himmel auf Erden

Da läuft doch etwas schief, Gott

Ich habe keine Lust mehr. Ich schlage die Tageszeitung auf, schaue die Nachrichten im Fernsehen. Krieg, Trauer, Zerstörung, sinnlose Reden, Ungerechtigkeit, Hunger, Klimaerwärmung, Fake News; bitterliche Armut trifft auf rücksichtslosen Reichtum. Politische Machthaber zeigen Ruhm, Macht, Reichtum und härteste Ungerechtigkeit.

Ich schlage die Zeitung zu, mache den Fernseher aus. Schaue aus dem Fenster.

Familien gehen kaputt, Kinder werden gemobbt, unheilbare, unaufhaltsame Krankheiten brechen aus.

Wo ist das Reich Gottes, was doch jetzt schon unter uns sein soll?

Da läuft doch etwas schief, Gott. Wie kann das dein Plan für die Welt sein? Da läuft nicht nur etwas schief, sondern so gut wie alles.

Menschen wollen was mit dir erleben, wieder richtige Wunder sehen und dir endlich wieder glauben können.

Irgendwann denk auch ich darüber nach, wie es einen Gott geben kann, wenn es gleichzeitig so viel Leid gibt. Wie kann das Böse besiegt sein, wenn nichts gut ist?

Und auf die Frage, wie ich was mit Gott erleben kann, sagt er, ich solle tun, was er sagt. Wo ist da mein freier Wille geblieben? Ist es nicht lästig, immer das zu machen, was andere von mir wollen?

Und dann frag ich ihn, warum es Leid gibt, und er antwortet, dass es daran liegt, dass die Menschen nicht das machen, was er sagt. Und ihrem eigenen Verstand folgen. Ihr Verstand ist für sie von höherer Bedeutung.

Der Kreis schließt sich. Und ich fang an nachzudenken.

Ich glaube, es ist keine Last, Gott zu folgen und so zu handeln, wie er es mir sagt. Wenn die Menschen auf Gott hören würden, würde es der Welt bessergehen. Aber ist das nicht zu einfach, Gott?

Auf dich hören? Wie soll das gehen? Du sprichst ja nicht mal richtig.

Falsch. Vielleicht höre ich auch einfach nicht richtig zu. Du sprichst zu uns durch dein Wort. Und ich soll es nicht nur lesen, sondern aufnehmen und leben. Nach deinen Worten, Gott, handeln.

Wir sind verantwortlich für unser Handeln, und du guckst zu und leidest mit. Ich denke, da läuft was schief. Warum greifst du nicht ein,

Gott? Und du versuchst es ja. Aber du wirst ignoriert.

Du kommst zu uns, aber niemand macht die Herzen weit. Du klopfst an, aber niemand macht dir auf. Keiner kommt auf die Idee, dich zu suchen, denn dann würden wir dich finden. Du würdest uns die Tür aufmachen.

Und mit dir an unserer Seite ist alles möglich. Unser Verstand ist beschränkt, aber dennoch glaubt die Menschheit, sich anmaßen zu können, allein zu handeln. Und dabei wird vergessen, dass deine Gedanken nicht unsere Gedanken und deine Wege nicht unsere Wege sind. Denn du bist so viel größer. Denn bei dir ist das Unmögliche möglich. Mit dir könnten wir so viel mehr ausrichten.

Gott, vielleicht haben wir auch Angst, auf dich zu hören. Angst, aktiv zu werden, Angst davor, enttäuscht zu werden. Aber vielleicht ist gerade das die Sache, die wir brauchen – Enttäuschung. Ent-täuscht zu werden. Endlich wieder klarsehen. Durch deine Augen. Denn du erblickst das Herz.

Und du bringst die Liebe.

Vor Kurzem noch Ostern gefeiert und heute schon wieder vergessen.

Die Osterhoffnung ausgeblendet.

Aber ein Pastor sagte doch so schön, dass die Osterhoffnung den Anker in der Gegenwart hat und Auswirkungen, Veränderungen mit sich bringt. Die Osterhoffnung endet nicht, sie trägt in die Ewigkeit hinein. Und die Menschen dürfen leben, wie es Jesus gefällt. Und sich an das halten, was der Retter sagt.

Pippi Langstrumpf macht sich ihre Welt, wie sie ihr gefällt. Und vieles läuft schief bei ihr. Chaos pur und dennoch strahlt sie Ruhe aus. Sie gibt niemals auf. Obwohl Tante Prusseliese glaubt, sie sei so schrecklich allein.

Und wir dürfen uns die Welt machen, wie sie Gott gefällt. Das ist kein Muss und kein Zwang, aber vielleicht sollte man die Perspektive wechseln. Es vielmehr als Befreiung sehen. Es wird trotzdem vieles schieflaufen. Unser Leben kann chaotisch sein, aber uns kann keiner unterstellen, wir seien allein, denn wir haben Gott. Und mit ihm alles, was wir brauchen.

Und wie oft werd ich noch sagen, da läuft doch etwas schief, Gott. Aber dann denk ich daran, dass ich viel öfters so handeln sollte, wie du es mir sagst. Denn du redest zu mir. Durch die Bibel, durch Menschen und durch Wunder. Du bist da und du läufst nicht weg.

Und ich darf dabei helfen, dein Reich weiter mit aufzubauen. Denn du gebrauchst jeden

Menschen. Und vielleicht läuft immer noch nicht alles geradlinig, aber ich stell ja auch meine Möbel schief, damit es besser aussieht. Schief ist nicht immer hässlich. Und wenn ich doch keinen Ausweg mehr sehe, mache du mir neu bewusst, was es heißt, was du versprichst:

»Meine Gedanken sind nicht eure Gedanken und meine Wege sind nicht eure Wege.«

Verlust

Jeder kennt es, verlieren und Verlust. Jeder verliert irgendwann mal einen Gegenstand, läuft verzweifelt umher und sucht einen Schlüssel, das Portemonnaie oder sonst was. Aber das, was ich meine, ist ein richtig großer Verlust. Es passieren Dinge, und ich suche nicht mehr nach dem Gegenstand, sondern nach dem Grund. Ich such den Grund wie die Nadel im Heuhaufen. Aber ich finde nichts. Ich verstehe nichts.

Freunde kehren uns den Rücken zu, und geliebte Menschen gehen von uns. Ich verstehe das nicht. Und die Menschen, die außerhalb stehen? Die schauen zu und lachen und fragen mich, wo mein Gott denn jetzt ist? Und ja, Gott, wo bist du? Ich sehe dich nicht! Ich spüre dich nicht und ich verstehe dich nicht! Ich bin plötzlich so allein und niemand ist mehr da, obwohl er es versprochen hat.

Ich bin so verzweifelt wie damals in der Grundschule, als ich nach Hause kam und meine Eltern fragte, warum andere Kinder viel mehr Omas und Opas haben.

Vor lauter Verzweiflung schlage ich die Bibel auf, vielleicht will Gott mir durch sie was sagen. Und schon wieder zweifle ich. Ich schlage die Bibel bei Hiob auf. Warum lässt Gott sich vom Teufel überreden, Hiob zu prüfen? Was hat Hiob verbrochen? Und Hiob muss leiden, er verliert alles. Alles bis auf seinen Glauben und schon wieder frage ich mich: Wie kann das sein? Müsste Hiob nicht nach all dem Verlust seinen Glauben verlieren? Müsste er nicht irgendwann genug von Gott haben? Wie stark muss der Glaube sein, um solche Verluste auszuhalten?

Und doch, Hiob zweifelt, er stellt sein Leben infrage, kommt aber dennoch zu dem Schluss: Egal, was du mir gibst, egal, was du mir nimmst, du bist und bleibst mein Gott, nur dir gehört mein Lob.

Einfach gesagt, wenn Gott einem nur gibt. Aber was ist, wenn Gott einem das Geschenkte wieder nimmt? Kann ich dann auch so reagieren wie Hiob?

Meistens doch nicht. Und ich frage Menschen, warum Gott Leid zulässt, anstatt Gott zu fragen, anstatt Gott anzuklagen.

So langsam fange ich an zu begreifen, dass Gott da ist. Immer, in guten wie in schlechten Zeiten, und es wird Zeiten geben, in denen ich Gott nicht verstehe und in denen ich zweifle. Aber niemals will ich meinen Glauben verlieren, er ist es doch, der mir Halt gibt und Schutz und Liebe. Wenn ich alles verliere, aber nicht ihn. Ich werde mich immer wieder fragen, wie es sein kann, dass Hiob, David und all die anderen Gott immer wieder lobten, obwohl sie keinen offensichtlichen Grund dafür hatten. Aber der Grund ist nicht offensichtlich, er steckt in uns drin. Es ist die Liebe Gottes, die uns hoffen und verstehen lässt. Die Liebe ist es doch, die uns all den Schmerz aushalten lässt.

Warum lässt Gott Leid zu? Warum müssen wir Verluste erleiden? Warum gibt es schwierige Zeiten? Ich weiß es nicht. Aber ich weiß, dass im Dunklen die Sterne heller leuchten. Und schaue ich zurück, so merke ich, dass Gott gerade in den schwierigen Zeiten da war und dass ich ihn gerade in den Verlustzeiten am stärksten gesehen habe. Und das gibt Kraft, ihn in guten und schlechten Zeiten zu loben und zu preisen, Kraft zu tanken und zu wissen, dass wir für immer in Gottes starken Händen geborgen sind.

Egal, was du mir gibst, egal, was du mir nimmst, du bist und bleibst mein Gott, nur dir gehört mein Lob!

Himmel trifft Erde

»Über den Wolken muss die Freiheit wohl grenzenlos sein«, sagt und singt man so schön.

Ja, und unter den Wolken ist die Freiheit grenzenvoll, eingeschränkt. Die Toten Hosen sagen: »Unter den Wolken wird's mit der Freiheit langsam schwer.« Die Welt stehe gerade auf ihrem Kopf und der Wind habe sich gedreht.

Und ja, unter den Wolken, hier auf der Erde fühlt es sich an wie Gegenwind. Und die Welt steht auch nicht gerade mal eben auf dem Kopf, das tut sie schon länger.

Was ist da los, fragt sich dann doch der Engel im Himmel. Was machen diese Menschen da unten? Ja, was machen wir hier?

Krieg, Leid, Grausamkeit, Hunger, Ungerechtigkeit und Zerstörung machen wir.

Diese Welt? Hier unter den Wolken? So weit entfernt vom Himmel, von »Über den Wolken«.

Zwischen Himmel und Erde, wie viele Kilometer liegen dazwischen? Wo ist der Himmel? Mit dem Flugzeug erreiche ich ihn nicht. Der Anblick über den Wolken ist zwar wundervoll und der Himmel ist blau, aber es ist nicht *der* Himmel. Nicht das, wo die Leute mal hinwollen.

Wie viel beeindruckender muss dann erst Gottes Himmel sein? Aber wo ist er? Der Himmel und Gott?

Mit einer Rakete erreiche ich ihn nicht, nur das All, mit den wunderschönen Sternen. Aber es ist nicht *der* Himmel.

Wie viel wundervoller muss dann erst Gottes Himmel sein. Aber wo ist er? Der Himmel und Gott?

Wie weit ist der Himmel von der Erde weg?

Den Himmel auf Erden? Den haben wir nicht. Und bräuchten ihn doch so sehr.

Gerade jetzt. An Weihnachten.

Der Engel schaut immer noch auf die Erde und ist voller Traurigkeit. Was machen die Menschen da?

Wie viele klägliche Rufe liegen zwischen Himmel und Erde? Wie viele Freudentränen fließen zwischen Himmel und Erde? Wie viele Gebete stecken zwischen Himmel und Erde?

Himmel und Erde – Erde und Himmel.

Gott und die Engel schauen immer noch runter, unter die Wolken, auf die Erde.

Sehen unsere Freude, unser Leid, unseren Frieden, unseren Krieg. Unsere Hoffnung.

Hoffnung auf ein bisschen Himmel auf Erden. Hoffnung auf Besserung.

Und plötzlich wird mir klar: Feiern wir nicht Weihnachten? Haben wir nicht Adventszeit? Die Zeit des Ankommens? Ja, und jetzt erinnere dich daran, wer ankommt.

Ignoriere die Hektik unter den Wolken für einen Moment. Denk nach.

Und ja, er ist es. Er, Jesus, er ist die Antwort. Die Antwort auf all die Fragen.

Er kam und rettete die Menschen.

Und ja, wir, die Menschen zerstören immer noch die Welt, drehen uns um uns selbst und vergessen unseren Nächsten und die Welt.

Und Gott. Ja, wir vergessen Gott und Jesus. Vergessen den Retter, das kleine Kind aus der Krippe, was sehr wohl weiß, was schlechte Zeiten sind. Wir vergessen den König.

Aber nicht dieses Jahr. Und so wird uns klar: Jesus kam auf die Erde, um uns zu retten. Gott schickte seinen Sohn, so sehr störte ihn die Perspektive von »über den Wolken« nach »unter den Wolken«. *Er* schickte uns ein klein wenig den Himmel auf Erden.

Ein Vorgeschmack. Wie viel größer wird dann das, was noch kommt?

Der Engel schaut noch zu; und du?

Der Engel lacht und freut sich über die Freude auf der Erde, dort unter den Wolken. Denn den Menschen wurde bewusst, dass an Weihnachten der Himmel die Erde trifft.

Und nicht nur an diesem Tag kann Freude sein, sondern an jedem anderen Tag, denn wir unter den Wolken haben vor langer Zeit etwas von über den Wolken bekommen, das Geschenk von Weihnachten.

Pack es aus und sieh selbst, wie der Himmel die Erde trifft.

Gerechtigkeit

Gerechtigkeit. So ungerecht verteilt. So ungerecht verteilt wie der Regen, die Sonne, die Kälte, die Wärme, der Reichtum und die Armut auf dieser Welt.

Meine Mama sagt immer, mir würde die Ungerechtigkeit mehr wehtun als die eigentlichen Schmerzen. Und vielleicht hat sie Recht. Beklage mich über die Ungerechtigkeit. Beklage mich über das Leid und den Krieg. Doch genauso wie über die Ungerechtigkeit dieser Welt beklage ich mich über die Ungerechtigkeit in *meiner* Welt. Warum erhört Gott meine Gebete nicht, warum lässt er Leid zu und überhaupt, Gott, wo bist du so oft? Ich bete und bekomme eine Antwort. Danke, Gott. Ich bete und bekomme keine Antwort. Gott, was soll das? Ich erhalte eine Gebetserhörung. Danke, Gott. Mein Wunsch bleibt ein Wunsch. Warum, Gott? Ist mein Wunsch so schlecht?

Ich bete und bitte und bete und bitte. Aber ich bitte bloß. Sage zu selten Danke und bitte bloß. Und die Menschen, die ein Leben haben, das so viel ungerechter scheint als meins? Ja, die sind so oft so viel dankbarer als ich. Und schon wieder beklage ich mich, darüber, dass ich nicht danken kann.

Ja, Gottes Gedanken sind nicht zu messen an meinen Gedanken und seine Möglichkeiten nicht an meinen Möglichkeiten, aber trotzdem würde ich ihn gerne verstehen. Ein Mann sagte mir nach Trumps Präsidentschaftswahl: »Wenn alles möglich ist, dann ist auch das Unmögliche möglich.«

Und dieser Satz hat mich zurück auf den Boden der Tatsachen gebracht oder besser gesagt, auf den Boden der Tatsachen Gottes. Er liebt uns und er wird alles zu unserem Besten geschehen lassen.

Aber wie kann es das Beste sein, dass Leid geschieht, dass liebe Menschen von uns gehen? Ich weiß es nicht. Und so viele Menschen auch versuchen, es mir zu erklären, die endgültige Antwort will ich von Gott hören, da werde ich es sicherlich verstehen können. Aber was mache ich, bis ich dort bin?

Das Reich Gottes weiter aufbauen? Ich? Ich bin viel zu schwach und nicht dafür zu gebrauchen. Nicht so mutig. Und nein, ich bin nicht wie David, habe nicht mal eine Steinschleuder parat.

Wie soll ich das alles schaffen? Manchmal, Gott, da frage ich mich, wo du bist.

Und manchmal frage ich mich, wie Leute dankbar sein können, wenn sie keinen Grund dafür haben. Wie man Lobgesänge von sich geben kann, ohne loben zu können.

Doch es gibt so viele Gründe dafür, dankbar zu sein.

Jesus Christus ist für uns alle am Kreuz gestorben und unsere Sünden sind vergeben. Er ist mein Heiland, auch mein Retter. Aber da ist noch mehr, ich bin und bleibe gerettet. Errettet. Ich werde geliebt und ich werde immer geliebt werden. Auch wenn ich mich verlaufe, läuft mein Hirte mir hinterher und empfängt mich mit offenen Armen.

Ich habe das Gefühl, es nicht wert zu sein. Aber ich werde unendlich geliebt und bin die Tochter des Königs. Wir alle sind Königskinder. Und uns ist vergeben, wir sind mit Gott versöhnt.

Und obwohl Gottes Verstand so viel größer ist als meiner, glaube ich, mir anmaßen zu können, mir den Himmel vorzustellen. Wer oder was wartet dort auf mich? Wer wird mit mir hineingehen? Und wie ist es mit dem Gericht? Und was ist mit meinen Sünden? Sie sind mir vergeben und wurden ins tiefste Meer versenkt, aber tauchen sie wieder auf? Wie sieht der Himmel aus? Gold? Mir gefällt Gold aber nicht, und wie soll der Himmel jedem gefallen, wenn Geschmäcker doch so verschieden sind?

Gott, ich verstehe das nicht.

Aber ich muss auch nicht alles verstehen, vielleicht ist meine Gewissheit genug; dass ich weiß, dass die ganze Ungerechtigkeit mal ein Ende haben wird. Ich werde nach Hause kommen. Endgültig, denn deine Liebe, Gott, ist auch am Ende noch gültig. Und dieses Ende wird erst der Anfang sein.

Und plötzlich wird mir klar, dass Zweifel nicht das Gegenteil von Glauben sind, sie sind ein Teil davon.

Und in den Momenten, in denen ich mich gefragt habe, wo du bist, Gott, da hast du mich wirklich getragen. Rückblickend macht das Meiste Sinn. Du warst da, immer! Du schenkst mir Geduld und Barmherzigkeit. Menschen kann ich plötzlich vergeben. Du schenkst mir Kraft. Du nimmst mich wie ein Kleinkind an die Hand und führst mich, ja manchmal, da trägst du mich sogar. Und die Dinge, die ich heute noch nicht verstehe, wirst du mir irgendwann erklären, dann, wenn ich dir in deine liebevollen Arme laufe!

Ich mag keine Ungerechtigkeit. Aber es ist auch nicht gerecht, dass du mich liebst, trotz meiner Sünden. Aber du hast mir vergeben und liebst mich trotzdem. Und auch wenn ich andere Menschen nicht immer leiden kann, du bist auch für sie gestorben. Und wenn ich mich das nächste Mal über Ungerechtigkeit beschwere, will ich daran denken, dass ich die unendliche Gnade auch nicht verdient habe.

Gott, manchmal frage ich mich, wo du bist.

Aber ich muss dich nicht suchen, du bist in mir. Und die Gewissheit meiner Rettung ist genug. Und dafür dank ich dir!

Sicher?!

Ja, sicher bin ich mir sicher, sicherlich gibt es einen Gott! Ganz sicher?! Was ist schon sicher auf dieser Welt. Doch wenigstens, dass es Gott gibt. Das ist so sicher wie das Amen in der Kirche. Aber ist das noch sicher?

Gott gibt es dich? Wo versteckst du dich? Wo treibst du dich rum? Und wie soll ich das verstehen, dich verstehen? Selbst dein Name ist zu hoch für mich, selbst dein Name lässt mich rätseln, ja, sogar zweifeln.

Gibt es dich? Wer bist du? Bist du der, der du bist? Wirst du sein, der du sein werden wirst? Wirst du da sein, als der du da sein wirst? Wie hat Mose reagiert, als du ihm deinen »Namen« verraten hast?

Gott, wenn ich dich nicht sehen kann und darf, bist du dann überhaupt da?

Doch manchmal glaube ich, dir zu begegnen. Auf heilsame Art und Weise. Du hast dich in deinem Sohn offenbart. Wir spielen kein Verstecken. Ich kann dich zwar suchen, aber von allein finde ich dich nicht. Nein, du zeigst dich dem, der dich sucht. DU zeigst dich uns, freiwillig. DU durchbrichst die Grenze, nicht wir. Und manchmal steckst du in Menschen, die mir begegnen. Redest durch sie zu mir und zeigst mir Wunder. Mal große, mal kleine. Aber keines gleicht dem anderen. Und durch all die Sachen, die passieren, bekomme ich Gewissheit. Das ist kein Zufall, denn an den glaub ich nicht. Sicher nicht.

Ich glaube an Gott. An den Gott. An dich, Gott, ganz sicher! Erste Frage geklärt.

Aber, Gott, bist du wirklich in jeder Situation bei mir? Ich meine, meistens habe ich doch alles selbst sehr gut im Griff, wer braucht schon Hilfe?! Ich zeig doch keine Schwäche. Nein, mal ehrlich, ich habe alles im Griff! Sicher?! Ja, wahrscheinlich schon, vielleicht, okay nein, eigentlich habe ich so gar nichts im Griff. Aber sag es nicht zu laut! Wie soll ich das

Gleichgewicht halten, ausgeglichen sein und gleichzeitig christlich sein? Christsein leben und mein Leben im Griff haben? Alles läuft aus dem Ruder, aber dann bist du da; du, den ich eigentlich glaubte, nicht zu brauchen. Du beruhigst den Sturm. Und wenn mein Vertrauen mal wieder zu gering ist und ich zu sinken drohe, hältst du mich an der Hand und führst mich über die Wellen und den Sturm hinweg. Aber es ist nicht immer einfach und manchmal habe ich auch mit dir scheinbar nichts im Griff. Aber ich muss auch nichts im Griff haben, denn mein Leben hast du in der Hand und somit hast DU alles im Griff. Aber das Abgeben und Vertrauen ist leichter gesagt als getan, Gott, denn was gestern noch so richtig und einfach war, ist heute nichtig und schwer. Und ich habe Angst vor morgen, vor der Zukunft. Und jedes Mal sage ich mir, dass ich im Hier und Jetzt lebe und nur auf den Abschnitt schauen soll, den ich gerade gehe, schließlich habe ich DICH an meiner Hand. Aber das Ungewisse macht mir Angst, Gott. Kann ich nicht mal durch dein Fernglas gucken, bitte, nur kurz?

Okay, dann halt nicht, würde mir wahrscheinlich noch mehr Angst machen. Und gerade wenn ich mein Vertrauen zu dir wiedergefunden habe, frage ich mich, was passiert, wenn du mich gebrauchen willst, so wie du immer sagst? Was sind meine Gaben und was ist, wenn du mich ins Ungewisse schickst, damit ich mich für dich einsetze? Ach Gott, bitte nicht. Aber auf der anderen Seite will ich das ja und ich weiß, dass du nicht die Fähigen auserwählst, sondern du befähigst die Auserwählten. Aber trotzdem habe ich Angst, und manchmal, da freue ich mich nicht auf morgen. Aber auch diese Perspektive kannst du ändern! Jeder Tag ist eine neue Chance, jeder Tag ein neues Geschenk. Ich will es auspacken und ehren. Es ist nicht leicht, sicher nicht! Aber dich gibt es ja ganz sicher und deshalb bin ICH sicher!

Aber eine Frage habe ich noch, Gott. Irgendwann muss ich sterben. Das ist Fakt. Sicher? Sterbe ich oder lebe ich weiter? Bei dir? Ich bin mir nicht sicher. Aber eigentlich bin ich es doch. Ich möchte gerne zu dir. Wenn Menschen von uns gehen, ist das traurig, und oft versteh ich deinen Plan dann nicht. Aber manchmal hab ich es erlebt, dass die Leute gar nicht traurig sind. Manche freuen sich und sind ganz entspannt. Gott, kann ich mich auch so entspannen? Ich weiß, ich bin noch jung, und eigentlich will ich mir den Tod nicht vorstellen, das kann ich auch nicht. Aber sterben will ich nicht, nein, ich glaube, dann fängt das Leben erst richtig an. Ich weiß zwar nicht wie und wo, – im Himmel gewiss – aber Vorstellungen, die richtig sind, habe ich wohl nicht. Aber sicher, dass du kommst, bin ich mir schon!

Und ein Letztes noch will ich dir sagen: So oft glaube ich, ich brauche keinen an meiner Seite, bin ein Einzelgänger, so sicher bin ich mir da oft. Aber ich brauche jemanden an meiner Seite: dich! Und auch wenn ich dich nicht seh, bist du da. Und manchmal glaube ich, bist du in den Menschen, die neben mir gehen. In meinen Freunden und in Träumen. Du lässt mich nicht allein. Niemanden lässt du, Gott, allein. Du stellst dich uns zur Seite.

Und jetzt habe ich Gewissheit.

Gott, dich gibt es. Ich habe nicht alles im Griff, aber dafür DU, und wenn ich mich nicht auf morgen freue, zeigst du mir, dass morgen schön ist, weil DU DA bist. Und auch wenn ich irgendwann diese Welt verlassen muss, DU verlässt mich nicht und weiterleben werden wir, bei dir! Danke, dass du an meiner Seite bist und mich nicht verlässt.

Oh Gott, jetzt bin ich mir sicher. Ganz sicher. Du machst mich sicher. Bei dir, mein Vater, bin ich sicher!

Über das Glück

Freiheit

Sicherheit, Gleichheit, Abenteuer, Recht, Demokratie, Menschenrecht, Meinungsfreiheit, Pressefreiheit, Handlungsfreiheit.

Freiheit berauben, entlassen; Freiheit nehmen, gewähren. Grenzenlose Freiheit, persönliche Freiheit, Münchner Freiheit.

»Der Zustand, unabhängig, nicht unterdrückt oder gefangen zu sein. In Freiheit leben. Wir haben die Freiheit zu tun, was wir für richtig halten.«

Wow, danke, Google.

Was ist Freiheit für dich, für mich?

Sich fühlen wie ein Vogel, fliegen, leben.

Reinhard Mey definiert sie wohl so:

»Über den Wolken muss die Freiheit wohl grenzenlos sein, alle Ängste, alle Sorgen, sagt man, blieben darunter verborgen und dann würde, was uns groß und wichtig erscheint plötzlich, nichtig und klein.«

Die Freiheit zu sein.

Also ich darf es.

Ich darf so sein, wie ich bin.

Ich bin frei. Und du?

Bin ich wirklich frei?

Die Gesellschaft presst mich in ein Schema und alle sehen gleich aus, machen das Gleiche und sollen frei sein?

Frei sein, ich sein!

Frei sein wie der Wind. Ja, der Wind ist frei. Nimmt sich das, was er will. Er ruht nicht, bis er das hat, was er will. Äste, Blätter, Bäume, Sand, und trotzdem kann der Wind angenehm sein. Eine leichte Brise an der See.

Für mich ist das Meer frei. Es nimmt sich so viel Sand, Muscheln und Algen, wie es will. So rau es sein kann, so sanft ist es auch.

Meer, Sand, Strand, Wind, Sommer. Die Arme ausbreiten, die Augen schließen. Einatmen, ausatmen. Genießen. Das ist Freiheit – für mich.

Andere Menschen wären gerne frei. Würden gerne das sagen, was sie denken. Ihren Glauben leben, schreiben, was sie wollen.

Ich darf was sagen.

Meine Meinung zählt, manchmal.

Mir gleich, ich sag sie!

Ich bin privilegiert. Habe Freiheiten, die andere nicht haben. Freiheit ist unfair. Unfair, ungleich verteilt.

Ich will meine Freiheit teilen.

Mit Worten, Taten, Texten.

Und trotzdem bin ich so oft eingeschränkt. Weil ich mich einschränke. Beschränke. Mach das, was andere machen. Lebe anderen nach. Höre auf, zu sein. Ich zu sein. Freiheit zu leben. Will den Menschen gefallen und nicht dem Einen. Will gut dastehen und zerstöre mich selbst dabei.

Ich will frei sein, frei bleiben und frei teilen.

Ich will Freiheit leben, für mich und für die, die nicht frei sind.

Also, ich darf es.

Ich darf so sein, wie ich bin.

Ich bin frei und du?

Nimm sie an. Freiheit. Du bist frei, zu sein. Du zu sein!

Glücklich

Was ist Glück?

Bist du glücklich?

Die Welt definiert mir das Glück so: besonders günstiger Zufall oder erfreuliche Fügung des Schicksals.

Im Ernst jetzt? Wer glaubt an Zufall, an Schicksal? Ich nicht. Das Schicksal meint es gut mit mir, das Schicksal meint es schlecht mit mir. Nein danke, das ist mir zu unsicher. Was kann ich für mein Schicksal? Als ob ich in mein Schicksal geboren werde. Nein danke, in meinem Leben überlass ich nichts dem Zufall!

Findet Glück wirklich nur in bestimmten Momenten statt? Kann ich also kein glückliches Leben führen? Denn dann müsste mein Leben ja nur aus besonderen Momenten bestehen. Kann der Sonnenaufgang kein Glück sein? Das liebe Wort am Morgen, Geborgenheit, Liebe? Das Alltägliche? Ist das zu einfach für das Glück? Muss Glück kompliziert sein? So wie alles andere?

Vielleicht ist Glück auch einfach ein Gefühl, ein Zustand. Schmetterlinge im Bauch.

Ich glaube glücklich ist der, der das Glück nicht hinterfragt, sondern der es lebt.

Pures Glück leben. Ohne zu hinterfragen und zu zweifeln.

Schon mal aufgefallen? Du setzt dir Ziele und glaubst irgendwann glücklich zu sein, erfüllt zu sein, dein Glück erreicht zu haben. Aber beim Zieleinlauf steckst du dir ein neues Ziel und verpasst jedes Mal, glücklich zu sein, den Moment zu genießen. Du lebst lieber weiter in der Zukunft. Schiebst dein ganzes Leben, dein Dasein, ja, dein Glücklichsein auf später. Du denkst, du hast gerade keine Zeit für Glück. Das Glück meine es nicht gut mit dir. Aber vielleicht meinst du es auch nicht gut mit dem Glück. Vielleicht willst du nicht glücklich sein, sondern strebst nach dem Höher, Weiter, Schneller. Und vergisst dabei, dass es manchmal das Runterkommen und Langsamergehen ist, was glücklich macht. Du willst sprinten, aber dein Glück will gerade mal verweilen, nichts verpeilen und spazieren gehen.

Glück ist relativ. Wann ist man schon glücklich? Ich bin so lange glücklich, bis ich anfange zu hinterfragen, ob ich glücklich bin.

Ich zweifle so lange, hinterfrage so lange, bis dem Glück wird ganz bange und es verschwindet.

Was ist Glück?

Ein vierblättriges Kleeblatt, ein Hufeisen, eine Schnapszahl, Schäfchen zur Linken und das Glück wird dir winken? Und wehe, das Kleeblatt hat nur drei Blätter, wehe, das Hufeisen ist verkehrt herum, und wehe, mir läuft am Freitag den 13. eine schwarze Katze über den Weg. Ich darf nicht unter der Leiter gehen und die Schafe dürfen nicht rechts weiden. Was schert es die Schafe, wo sie grasen? Was hat das mit meinem Glück zu tun?!

Richtig, nichts!

Ich glaube, glücklich ist der, der das Glück nicht hinterfragt, sondern der es lebt.

Und die Leute fragen mich, sag mal, kannst du auch glücklich sein? Und ich sage: »Ja, schon, aber warum?«

Was bringt es mir, glücklich zu sein? Das Undankbarsein und Unzufriedensein ist doch so viel einfacher. Was ist Glück, ich habe kein Glück, warum sollte ich glücklich sein?!

Und jetzt reicht es mir!

Guck dir die anderen an, die, bei denen du denkst, sie sind glücklich. Sind das nicht die Ärmeren, die weniger haben als du? Und trotzdem wirken sie glücklicher als du, ja, als ich.

Und jetzt schaue ich mir die an, die glücklich wirken und vor Lachen strahlen. Ich frage sie, ob sie glücklich sind, und sie sagen, jetzt, wo du fragst, ich weiß es gar nicht. Denn sie merken gar nicht, dass sie glücklich sind. Aber die Außenstehenden merken das und werden dadurch selbst glücklich. Wie eine Kerze, die für andere mitleuchtet.

Und jetzt *weiß* ich: Glücklich ist der, der das Glück nicht hinterfragt, sondern der es lebt.

Vielleicht ist Glück nicht abhängig von deinen Lebensumständen, denn die haben Hochs und Tiefs. Aber vielleicht ist Glück eine Lebenseinstellung. Du musst das Glück nicht länger suchen, es ist in dir drin. Lass es raus und steck die Leute damit an.

Sei glücklich. Lebe dein Leben, deinen Traum, und lache so viel, wie du kannst.

G wie Geborgenheit

L wie Liebe

Ü wie überzeugt sein, von dem, was du tust, und von dem, der du bist

C wie Charakter, der innerlich scheint

K wie Kerze, eine Wunderkerze, die andere ansteckt

Glück. Sei glücklich.

Und sei dir gewiss: *Glücklich ist der, der das Glück nicht hinterfragt, sondern der es lebt!*

Über das schöne Leben

Wie glücklich ist jener Mensch, der sagen kann: »Das Leben ist schön!« Und wie schön ist das Leben, wenn der Mensch sagen kann: »Ich bin glücklich!«

Was ist Glück? Wer ist dein Glück?

Wie kann das Leben schön sein, wenn so viel hässlich ist?

Wie kann man glücklich und zufrieden sein, wenn nichts konstant ist?

Warum soll man die Sonne genießen, wenn die nächste Wolke schon am Himmel ist?

– Ganz einfach –

Vielleicht sollte man den Blickwinkel ändern. Warum nicht?

Warum nicht die Sonne genießen, warum nicht glücklich und zufrieden sein? Warum sollte das Leben nicht wunderschön sein?

Siehst du die blühenden Bäume im Frühjahr?

Die schönen Sonnenstrahlen im Sommer, die bunten Wälder im Herbst und die Eiskristalle im Winter?

Das Leben ist schön!

Siehst du den Strand, den Sand und das Meer?

Hörst du das Meer und die Möwen und die Schiffe in der Ferne?

Kannst du das Salz schmecken?

Das Salz wie Peeling auf der Haut spüren?

Den Wind in den Haaren?

Sag, geht's dir genauso?

Mitten im Nirgendwo einmal um die eigne Achse drehen, tanzen und vor Glück strahlen.

Jeden Sonnenuntergang in seiner Farbpracht beobachten und abspeichern.

Spät abends mit dir Hand in Hand am Strand entlang. Alle Sorgen für einen Moment vergessen.

Ich suche den Horizont ab und sehe all die Lichter. Ich höre das Meer und deinen Atem direkt neben mir. Lege meinen Kopf zurück und schaue mir all die unzähligen Sterne am Himmelszelt an.

Und ich habe noch nie auf all die möchtegern-klugen Sprüche und Ratgeber gehört. Eine Anleitung fürs Glücklichsein? Wie kann es die geben, wenn das Glück für jeden anders aussieht?

Niemand und nichts kann mir sagen, wer ich bin, wenn ich es nicht selbst herausfinde.

Und manchmal da klappt nichts, manchmal da passiert nichts. Und dann plötzlich passiert alles auf einmal.

Das Loslassen, das Ankommen, das Finden ohne Suche, das Ich-Sein und das Glücklichsein.

Und plötzlich schreien das Herz, die Seele und der Verstand im Einklang, dass sie glücklich sind.

Und das Leben ist schön. Das Leben war vorher auch schön. Jetzt ist es anders schön. Ja, vielleicht – nein, mit Sicherheit: Es ist noch schöner.

Und ich weiß nicht, wie lange es anhält. Aber ich werde es genießen.

Jede Sekunde des Glücks einfangen. Einatmen und leben.

Wie glücklich ist jener Mensch, der sagen kann: »Das Leben ist schön!« Und wie schön ist das Leben, wenn der Mensch sagen kann: »Ich bin glücklich!«

Unabhängig von dem Rest der Welt. Nur kurz. In diesem Moment geht es um dich. Nur um dich. Es geht nicht um die Umstände, sondern um deinen Zustand.

»Bist du glücklich?«, fragtest du, und meine Augen müssen wohl gefunkelt haben, denn ich musste nichts sagen und du kanntest bereits die Antwort.

Wenn die Frage kommt, warum ich immer am Lachen bin, nur strahle, weiß ich keine

Antwort. Keine logische Antwort hab ich parat. Aber muss ich mein Glück logisch erklären können? Ich denke nicht. Denn es kommt von innen. Von außen. Von überall. Es ist mein Glück. Und dafür muss ich mich nicht rechtfertigen.

Die Angst ist groß genug, dass das Glück zu schnell wieder verschwindet, bevor ich es richtig genießen konnte.

Aber vielleicht bleibt das Glück ja auch. Denn das Leben ist schön, und allein diese Tatsache macht mich glücklich. Denn es liegt am Zustand, viel mehr als am Umstand.

Wie glücklich ist jener Mensch, der sagen kann: »Das Leben ist schön!« Und wie schön ist das Leben, wenn der Mensch sagen kann: »Ich bin glücklich!«

Frag mich noch einmal, ob ich glücklich bin, und ich antworte dir aus vollem Herzen, mit voller Aufrichtigkeit und schaue dir dabei tief in die Augen. Diese Frage beantworte ich gerne!

Denn ich bin glücklich, und ja, das Leben ist schön. Wunderschön!

Was will ich Meer

Die Wahrheit ist

»Auf ins Abenteuer«, haben sie gesagt. »Das ist wichtig. Das wird gut«, haben sie gesagt und ich ging los. Ich bin auf dem Weg. Lass es alle wissen. Ich bin dann mal weg, auf dem Weg, dem Weg zu mir.

Und so geht es los.

Die ganze Nacht durchgefahren. Der Sonne entgegen. Dem Wasser näher.

Am Hafen angekommen. Das One-Way-Ticket in der Hand. Wann geht es zurück?

Dann, wenn meine Zukunft klarer wird und ich bereit bin.

Ich sitze auf der Fähre und denke nach. Aber das geht nicht. Das geht nicht wegen der Familie neben mir. Wegen der Kinder, deren Zukunft noch vor ihnen liegt. Sie werden aufwachsen, erwachsen. Es sind zwei Jungs. Dem einen wird kalt. Aus lauter Liebe und Zuneigung wird man ihm wohl eine Jacke geben. Nein, man stellt ihm eine rhetorische Frage: »Bist du ein Mädchen?«

Der Junge fängt an zu weinen und wieder geht es: »Ich wusste nicht, dass du ein Mädchen bist!«

Also, ich bin definitiv ein Mädchen und mir war nicht kalt. Wobei, nach dieser Reaktion schon. Aber darf einem Jungen nicht kalt sein? Darf ein Junge nicht weinen? Stärke ist eine gute Eigenschaft, aber man kann nicht stärker sein als seine eigenen Emotionen.

Also, kleiner Junge, tue mir den Gefallen und zeig der Welt weiterhin, wie es dir geht. Du bist ein Kind, so herrlich ehrlich. Bleib so, denn zu früh wird die Welt dir das Lügen lehren.

Jetzt bin ich da, ich bin hier. Dort, wo die Welt noch in Ordnung ist. Oder noch ein Stückchen besser als woanders.

Warum ich Kinder mag? Wegen ihrer Ehrlichkeit, wegen ihrem starken Vertrauen, wegen ihrem echten Lachen, wegen ihrer Unbeschwertheit.

Die Jungs vor meinem Fenster unterhalten sich, heimlich. Aber ich höre sie. Und der Junge sagt seinem Kumpel, dass er dem Mädchen seiner Träume nach dem Urlaub seine Gefühle gestehen will. Der Junge ist mutig und ich hoffe, sein Mut wird ihm nicht genommen, egal, wie das Mädchen reagiert. Ich mag Kinder, weil sie ganz unbedacht an der Liebe festhalten.

Ich mag sie, weil sie sie sind. So sind, wie sie eben sind.

Und dieses Fernweh packte mich so plötzlich. Ich packte meine Sachen und war weg, bin hier. Wäre aber gerade viel lieber bei dir. Denn ich habe Heimweh. Mein Herz schmerzt, wenn ich daran denke. Wo sind meine Wurzeln?

Weißt du, was mich tröstet? Der Gedanke an den Himmel.

Ich sehe die Sterne und du siehst sie. Denn von überall sehen wir die gleichen Sterne.

Und so sitze ich hier am Wasser auf dem Steg. Dieser Sonnenuntergang, einmalig. Ihn gibt es nur einmal. Und kein Smartphone auf dieser Welt hält fest, was ich festhalte. Was ich sehe. Ich sehe die Sonne, sie ist am Untergehen. Aber mich sehe ich nicht. Sehe nicht, was du in mir siehst.

Und ich, ich sehe dich nicht. Wo bist du?

Ich suche dich, laufe aber vor dir weg.

Also schließe ich die Augen und denk an dich.

Da bist du nun also. Hineingekommen mitten in mein Niemandsland. Es ist nicht Alices Wunderland. Es ist ein verwunschenes Land. Versuchst mich zu retten, doch ich bin ein Frosch, der niemals zu einer Prinzessin wird. Und ich lass dich auch wieder gehen, weil ich nicht halten will, was ich nicht halten kann.

Und so sitze ich da, beobachte den Sonnenuntergang und stelle verzweifelt fest: Ich werde die Wahrheit wohl nie ganz ergründen, die in diesem Bild steckt.

Wohl nie ganz durchblicken, wie ich den Durchblick finde.

Die ganze Wahrheit nicht blicken, die verborgen in jedem von uns schlummert.

Denn in Wahrheit bin ich gar nicht der Frosch, in Wahrheit bin ich *ich*.

Und ich brauche dich. Denn mit dir wird mein Niemandsland zu Jedermannsland. Denn in Wahrheit sind wir in unserem Wunderland. Gehen lass ich dich nie wieder, denn du warst schon einmal weg.

Genau wie die Sonne jetzt. Und plötzlich durchblicke ich die Wahrheit. Denn die Wahrheit ist: Ich vermisse dich!

Denn das Heimweh packt mich so plötzlich. Und ich bin jetzt mal ehrlich, so wie ich es dem kleinen Jungen rate. Man soll zu seinen Gefühlen stehen. Aber ich weiß nicht, was ich fühle. Kann nicht zu meinen Gefühlen stehen, weil ich sie nicht ausstehen kann. Aber darum bin ich hier: Und nicht bei dir zuhaus. Ich bin auf dem Weg, meinem Weg. Zu mir.

Und die Wahrheit ist: Ich bleibe noch, denn gerade erst bin ich angekommen. Nicht bei mir, aber hier.

Und das, das ist die ganze Wahrheit. Alles, was ich bisher weiß.

Mit beiden Beinen

Im Rücken die Läufer, auf 12 Uhr die Surfer.

Ich stehe mit beiden Beinen fest im Meer.

Das Wasser bis zum Hals. »Ich kann nicht mehr«, würde man sagen.

Doch ich, ich bin glücklich.

Kann es kaum fassen, das Glück. Es passt in kein Glas, in keine Hand, in keinen Karton.

Darf ich glücklich sein, wenn ich nicht vorhersagen kann, wie lange es hält? Darf ich glücklich sein, wenn nicht alle es sind? Nicht alle sein können.

Ich stehe mit beiden Beinen fest im Meer.

Ich will gar nicht fest im Leben stehen. Ich will fliegen, schwimmen, tanzen, lachen, mich bewegen. Ich will was erleben.

Ich will leben.

Und auch wenn ich auf keinem Wunschkonzert bin, spiele ich nur das, was ich will.

Denn was für einen Sinn hat es, wenn du für mich denkst und mein Leben lenkst?!

Denn lenken darf es nur der Eine und leben werd ich es.

In vollen Zügen genießen.

Nur, dass ich nicht in vollen Zügen sitze. Der Zug ist abgefahren, fährt nach neuem Fahrplan jetzt ohne mich.

Ich fliege, schwimme, tanze, lache, bewege mich ab heute.

Ich will was erleben und fang ab jetzt an zu leben.

Denn ich steh mit beiden Beinen fest im Meer.

Und brauche nicht mehr.

Nicht mehr als das Meer.

Was denken die Leute?

Was interessieren mich die Gedanken der anderen?

Leider zu viel.

Ich habe leider zu viel Interesse an der Meinung anderer.

Denke immer nur, was andere denken könnten.

Und dann denk ich an die Ananas.

»Sei wie eine Ananas. Steh aufrecht, trage eine Krone und sei innen ganz süß.«

Aufrecht, mit beiden Beinen fest im Meer stehen. Aufrecht zu mir selbst stehen. Zu mir, ganz so wie ich bin.

Eine Krone tragen. Die, die mir aufgesetzt wurde. Und nichts und niemand auf dieser Welt kann mich ihr berauben, mich berauben meiner Krone. Kein Zacken wird aus ihr brechen.

Innen süß sein. Ein schöner Charakter ist so viel wertvoller als das Aussehen. Das Herz viel schöner als der Verstand.

Die Butterbrote geschmiert, den Rucksack gepackt, auf geht es! Das Picknick an der Promenade, das Beobachten der Menschen.

Der Mann fotografiert seine Frau. Lieb von ihm. Denkst du.

»Zieh den Bauch ein«, sagt der Mann und drückt auf den Auslöser. Die Frau lächelt auf dem Bild.

Und ich schlag die Hand vor meinen Kopf.

Das Kind radelt fleißig auf dem Rad. Der Berg kommt. Das Kind tritt und tritt.

Die Mama lobt: »Du machst das toll.«

Noch einmal Kind sein, denke ich.

Ich packe meine Sachen und will allein sein. Fahr immer weiter und schmeiß mein Fahrrad in die Dünen. Geh durch den Inseldschungel und laufe und laufe. Lass mich dort nieder, wo es mir gefällt. Die Grillen zirpen, die Fasane beobachten mich, die Sonne scheint. Dort draußen mitten in der Greunen Stee.

Ich setzte mich hin, aber nur kurz. Denn ich sitze im Ameisenhaufen und den Ameisen gefällt das nicht. Mir auch nicht mehr. Ich wechsle meinen Platz. Die Natur dort draußen gefällt mir.

Ob ich wohl zur richtigen Zeit am richtigen Ort bin?

Verpass ich was irgendwo auf der Welt? Oder ist es in Ordnung, dass ich kurz hier verweile? Kurz anhalte, um anzukommen?

Du weißt, du bist zur richtigen Zeit am richtigen Ort, wenn du nicht willst gehen mehr fort.

Wenn Leute dir sagen, wie bewundernswert es ist, wie du alles mit einem Lächeln löst und einfach so hinnimmst. Wie überwältigend es ist, dass du immer so schön strahlst.

Du weißt, du bist zur richtigen Zeit am richtigen Ort, wenn du vor Glück heulen könntest. Wenn die Sonne immer wieder untergeht und du liebevoll »Bis morgen« zu ihr sagst und dich freust, wenn sie dich wieder weckt.

Dann weißt du: Ich soll hier sein. Ich soll hier *ich* sein. Ich soll hier Zuhause sein.

Du bist zur richtigen Zeit am richtigen Ort, wenn du liebe Menschen vermisst, aber auch glücklich bist, wenn sie dich an deinem Ort besuchen kommen.

Du weißt, du bist zur richtigen Zeit am richtigen Ort, wenn du schreiben kannst dieses Wort, diese Wörter.

Hier steh ich nun also, mit beiden Beinen fest im Meer.

Das Wasser bis zum Hals, ich tauch ein.

Wir rennen Hand in Hand ins kalte Meer und sind glücklich.

Ich bin am Meer und suche nicht mehr.

Denn ich bin hier.

Denn ich bin hier glücklich.

Denn ich bin hier, glücklich zu sein zur richtigen Zeit am richtigen Ort!

Und Mann, der zu seiner Frau »Zieh den Bauch ein« sagt, das stimmt nicht. Das ist eine Lüge!

Bei meiner besten Freundin daheim steht geschrieben: »Zuhause ist da, wo man den Bauch nicht einziehen muss.« Und alles, was meine beste Freundin sagt, ist wahr!

Und wahr ist auch: Ich ziehe meinen Bauch hier nicht ein.

Warum ich die Nordsee liebe

Ich war nicht mal auf der Welt und liebte bereits die Nordsee. Erblickte noch nicht das Licht der Welt und wusste, dass es das Licht des Leuchtturms ist, was ich brauche.

Ich bin jedes Jahr zur selben Zeit am selben Ort, Heimat. Dann bin ich Zuhause.

Jedes Mal fängt es auf die gleiche Art und Weise an. Ich mache das Fenster runter, kann den Duft riechen und weiß, ich bin angekommen.

Ich muss nie lange suchen, sondern kann sofort anfangen zu finden. Zu finden die ganzen Antworten auf all die Fragen.

Ich packe mein Fahrrad und mache eine Fahrradtour, quer durch diesen Ort, um allen Menschen »Hallo« zu sagen, mitzuteilen, ich bin jetzt da.

Für mich war der Campingplatz dort auf dieser Insel das 5-Sterne-Hotel.

Als kleines Mädchen hab ich dort das Fahrradfahren gelernt. Konnte fünf Minuten allein fahren und kaufte mir ein Eis, glaubte, bereits einhändig fahren zu können. Und so trug ich stolz mein Eis und fuhr los und fiel hin. Aber das gehörte dazu. Dieses kindliche Vertrauen, die Naivität, die einen fallen lässt. Worüber man aber später lachen kann.

Ein paar Tage später konnte ich ja schon richtig Fahrrad fahren und wollte die ersten Kunststücke lernen, weil die coolen Jungs das auch konnten. Also fuhr ich diesen steilen Hügel runter und danach die Treppe und, naja, was soll ich sagen, ich fiel hin, mal wieder.

Eine Woche danach konnte ich schon schnell fahren und fuhr zu schnell um diese Kurve, diese Schotterkurve, und ich fiel, schon wieder. Und mein Knie blutete, bis heute trage ich diese Narbe. Mit Stolz. Denn ich kann Fahrrad fahren, weil ich es lernte, mit Schmerz und Wunden, aber mit Abenteuerlust.

Ich bin ein Inselkind. Ich bin dort nicht geboren, aber diese Liebe, tief in mir drin, wird nicht zu Ende gehen.

Und bin ich an der Ostsee oder in den Bergen, vermisse ich die Nordsee und diese eine bestimmte Brise Wind, Ebbe und Flut, die Heckenröschen und das Gefühl von Heimat.

Ich fühle mich nirgendwo so sicher wie in den Dünen, dort direkt am Meer, wo man den Naturgewalten ausgesetzt ist. Verrückt, sicher in der unberührten Natur.

Mein Anker liegt hier, »hier bin ich Mensch, hier darf ich sein«.

Ob Wind, ob Hagel, ob Sturm, ob Wolken, ob Schnee, ob Regen, ob Sonne, das Inselleben ist ein Segen.

Und ich fange an, Pläne zu schmieden, was und wann ich es mache, doch nur die Frage nach dem Wo bleibt aus, denn hier, genau hier, ist mein Zuhaus.

In der Nordsee lernte ich das Schwimmen, das Baden und das Planschen. An der Nordsee lernte ich das Fahrradfahren, das Glücklichsein, das Zufriedensein, das Kindsein, das Ankommen, das Teilen, das Lachen, das Leben.

Und so sitze ich jetzt da, beobachte die Regensäulen in der Ferne, sehe den Regenbogen und warte auf den Sturm. Genieße die Ruhe vor dem Sturm, der mich trägt davon.

Denn bin ich mal nicht auf der Insel, schließe ich die Augen und suche den Leuchtturm, der mir weist den Weg, und dann schon rieche ich das Meer, höre die Möwen und den Hagel auf dem Zelt, schmecke den Crèpe und das Salz. Spüre den Wind in den Haaren und so bleibt es die ganzen Jahre.

Mein Herz geteilt in zwei Heimatorte.

Den bei dir. Und den bei mir, hier auf der Insel.

Wo ist dein Zuhause? Wo kommst du an?

Ich bin Zuhause, wenn ich mich fühle wie am Meer, wie an der Nordsee.

Frei. Unbeschwert. Wohl. Zufrieden. Glücklich.

Ich breite meine Arme aus, der Wind verfängt sich darin und lässt mich glauben zu fliegen. Ich steh ganz oben und öffne die Augen. Ich suche den Horizont ab. Und höre auf zu suchen und fang endlich an zu finden. Ich bin fast da.

Ich war nicht mal auf der Welt und liebte bereits die Nordsee. Erblickte noch nicht das Licht der Welt und wusste, dass es das Licht des Leuchtturms ist, was ich brauche.

Ich liebe die Nordsee. Noch mehr die Inseln. Kein Entkommen. Kein Weglaufen. Keinen festen Boden unter den Füßen, sondern Sand. Viel besser, das Leben am Strand.

Anker
Sicherer Hafen
Draußen im Sturm
Hier kann ich sein
Nordseeliebe

Tagträume

»Träum ich? Wach ich? Leb ich? Bin ich bei Sinnen?«

Ja, nicht nur Prinz Friedrich von Homburg fragt sich das.

Es ist mitten am Tag und ich fang zu träumen an.

Der Wecker riss mich heut früh aus den Träumen und jetzt, jetzt träum ich weiter. Ohne zu schlafen, denn ich träume bei Tag.

Wie eine Kassette, die hängt und immer und immer wieder die gleiche Stelle abspult.

Was wäre, wenn …?

Ich gehe an den gleichen Orten vorbei. Immer und immer wieder. Und jedes Mal aufs Neue der gleiche Schauer, bei dem ich jedes Mal hoffe, er ist nicht wieder von Dauer.

Nicht schon wieder das. Nicht schon wieder dieser Traum.

»Wach auf!«, schreie ich mir zu und stelle fest, ich schlafe nicht. Denn ich träume bei Tag.

Fassungslos bemüht, die Fassung nicht zu verlieren.

Wann hört das auf?

»Träume nicht dein Leben, sondern lebe deinen Traum.«

Ich will aber nicht immer und immer wieder den gleichen Traum leben. Denn ändern kann ich nichts an dem, was geschehen ist.

Und manchmal, da kommen die Träume plötzlich. So plötzlich mitten am Tag und wiederholen Vergangenes. Erinnern mich an was. Wie ein Flashback. Ein Fernglas, das nicht voraus in die weite Ferne, sondern in die ferne Weite zurückschauen kann.

Diese Träume sind wie nachts, nur mitten am Tag.

Ich schaue durch das Fenster in das Wohnzimmer. Und da in der Ecke steht eine Lampe, so wie sie bei Oma steht.

Und ich träume schon wieder.

Alles erinnert mich an irgendwas.

Irgendwie erinnert mich irgendwas an alles. Und doch an nichts.

Denn es führt ins Nichts. Dieses gedankenlose Denken.

Dieses Tagträumen bringt nichts, weil du es ja doch nicht verstehst.

Ich schreibe all diese Briefe, die ich nie wegschicke.

Und schon wieder ist die zweite Seite mit Tinte beschrieben.

Und zwischen den Zeilen, ja, da steht ein ganzes Buch geschrieben.

Verfasser unbekannt – denn du verstehst es absolut nicht. Nichts von dem, was nicht geschrieben steht und doch so offensichtlich ist.

Und auch ohne deine Antworten träume ich weiter so mitten am Tag.

Und frage mich: Was wäre, wenn?

Tagträume.

Und dieses Träumen hört nicht auf.

Am Ende all dieser sinnlosen Gedanken stehst dann doch wieder du. Nur dass du es nicht weißt, nicht begreifst und nicht verstehst.

All diese Augenblicke spielen sich erneut ab, jedes Mal der gleiche Film mit einem anderen Ausgang. Und nie kann ich sagen, welches Ende mir das liebste ist, weil es so niemals passiert ist. Niemals so passiert sein kann und deshalb niemals so passieren wird.

Denn es sind Tagträume. Noch unrealistischer als die Träume mitten in der Nacht. Und so träum ich weiter, von Stunde zu Stunde, von Tag zu Tag. Ändern wird sich nichts, wenn ich nur träumen will und nichts sagen kann.

Und manchmal, da hab ich das Gefühl, endlich aufzuwachen, endlich wach zu werden und loslassen zu können.

Doch dann bin ich nur aus meinen Albträumen aufgewacht und träume so weiter am Tag. Kein Ende in Sicht.

»Träum ich? Wach ich? Leb ich? Bin ich bei Sinnen?«

Ich weiß es nicht.

Ich werde es wohl nie wissen.

Es sei denn, ich höre auf zu träumen und fang endlich an zu leben.

Ein Leben ohne Träume?

Das ist wie ein Traum ohne Leben, ohne Inhalt.

Lass mich weiter träumen, denn da in den Träumen ist noch alles in Ordnung.

Das glaub ich jedenfalls, das träume ich.

Ich bin plötzlich so müde. Es ist wieder Zeit. Zeit für neue Träume.

Zeit für Tagträume.

Über Dich und dein Du

Das Leben ruft. Pflichten müssen erfüllt werden. Und so setze ich mich in den Zug. Lasse dich zurück und damit ein Stück Heimat. Es ist noch dunkel. Doch da vorne, am Horizont, geht die Sonne bunter auf, als sie untergegangen ist. So munter. Gestern Abend war sie so dunkel, als ich dir weinend in den Armen lag. Jedes Mal aufs Neue tut der Abschied weh. Jedes Mal ein Stückchen mehr sogar.

Und dieses bunte Sonnenspiel macht es noch viel trauriger, die Insel verlassen zu müssen. Es sind nur fünf Tage, doch die können lange sein und dich, dich seh ich jetzt zu lange nicht.

Ich lache, weil ihr mit den Hunden und den weißen Taschentüchern da am Bahngleis steht und mir zum Abschied winkt. Und ich muss so laut lachen und dabei rollen mir bereits die Tränen über die Backe. Ich vermisse dich jetzt schon. Würde viel lieber mit dir frühstücken gehen. So wie immer. Doch ich muss gehen, dich schon wieder loslassen, dabei hab ich dich gerade noch festgehalten.

Dafür lerne ich neue Leute kennen. Und die, die erinnern mich an 'ne Menge Leute. Leute, die ich kenne.

Und eine Person, die erinnert mich an jemanden. Und ich nenne diesen Jemand jetzt mal so wie dich.

So viele Gesten, die mich an dich erinnern.

Und da ist wieder dieser eine Moment in meinem Kopf.

Ich blickte in deine steinerne, eiserne Miene. Weißt du denn nicht mehr? Hast du den Moment vergessen, in dem wir uns versprachen, nie so zu werden? Wir wollten anders sein. Besser. Und zwischen uns sind all diese Wörter. Und trotzdem zu viele unausgesprochene Gedanken, die hätten ausgesprochen werden müssen.

Stattdessen ist da jetzt diese Stille. Leere. Gegangen bin ich, aufgegeben hast du. Wer glaubt noch an mich, wenn nicht mal du es mehr machst? Kein Wir ohne Dich und Mich. Kein Uns ohne Du und Ich.

Und so langsam fang ich an zu kapieren. Ich begebe mich auf die Suche nach dem Ich. Ohne Dich. Denn auch ohne dein Ich gibt es ein Mich!

Und so geh ich weiter auf dem Weg. Einsam ist es nicht, denn allein sein kann schön sein, solange man es nicht muss.

Und trotzdem ist kein Ort der gleiche ohne dich und eigentlich bin ich selbst dran schuld.

Aber ich wusste auch nicht, wie kurz dein »Für immer« hält. Dass du immer die gleichen Wörter benutzt, um verschiedene Menschen zu beschreiben. Das wusste ich nicht.

Ich lasse dich an diesem Ort zurück.

Alle fahren nach Hause, doch nicht ich. Ich fahr in die entgegengesetzte Richtung.

Ich nehme den überfüllten Zug, den komischen Bus und das rettende Schiff. Die altbekannte Inselbahn. Ich rieche den Duft der Insel, höre die Möwen und kann die Sonne sehen. Das Meer ist nicht mehr weit.

Und das, das ist Ankommen.

Ich bin zurück.

Und eigentlich hab ich niemanden erwartet. Aber dann, dann stehst du da am Gleis mit offenen Armen und erwartest mich. Ich habe dich vermisst.

Und noch am gleichen Abend steh ich am Strand und sehe, wie die Sonne das Meer küsst und all die Farben hinterlässt.

Ich bin froh, wieder hier zu sein.

Und gemeinsam sind wir niemals einsam. Wir radeln über die Insel und die Haare flattern im Wind. Hand in Hand rennen wir ins inzwischen viel zu kalte Meer.

Nachts laufen wir am Strand entlang und danach mitten auf der Straße zurück.

Und ganz dahinten, am Ende der Straße, brennt ein Licht im dunklen Haus.

Drin sitzt eine Familie.

Und so vieles erinnert mich heute an früher, wie alles war, wie es sein sollte und wie es jetzt ist.

Bei all den Dingen, die passieren, den Abenteuern, die ich erlebe, bist immer du die Person, die es als erstes erfährt.

Und plötzlich weiß ich, warum der Junge die ganze Fahrt auf sich nimmt, um seine Freundin einen Tag zu sehen, warum die Frau jahrzehntelang die Fahrt auf sich nimmt, um ihren Mann zu sehen.

Man nennt es Liebe, Heimweh, Sehnsucht.

Und was würde ich dafür geben, dass ihr das seht, was ich sehen darf.

Wie schön es wäre, wenn wir alle das Gleiche sehen würden. Nur für einen Moment. Für diesen einen Moment.

Und trotzdem fühlt es sich an wie Sand, der durch meine Hände rieselt. Alles viel zu schnell vorbei. Ich denke an das Ende, ohne den Moment zu genießen.

Und die ganzen Jahre sind einfach so ins Land gezogen, und ich frag mich: Wo sind wir abgebogen? Was ist aus uns geworden?

Es fühlt sich wie ein Kartenhaus an, das zusammenstürzt. Und man selbst liegt unter dem Schutt.

Und auch dann frag ich mich noch, wo du bist. Suche dich und weiß schon, dass ich dich nicht mehr finden kann.

Und so genieße ich es, hier zu sein. Alleine, aber nicht einsam, denn ich hab dich.

Und falls du jetzt bei den ganzen Dus und Dichs denkst, ich meine dich, hast du dich getäuscht. Denn mit all den guten Dus und Dichs meine ich ganz sicher nicht mehr dich!

Und das hier, das ist inzwischen sowas wie mein Zuhause.

Und wenn ich mal wieder weg muss, freu ich mich jetzt schon auf das Wiedersehen.

Denn ich bin für immer das Mädchen, das die Sonnenuntergänge am Meer beobachten will.

Und so lange reist, bis das Ziel erreicht ist.

Aber am wohlsten, so richtig Zuhause, so fühl ich mich nur an einem einzigen Ort – in deinen Armen.

Die Sätze der anderen

Stillschweigend sitze ich da. Stillschweigend beobachte ich. Stillschweigend schüttele ich den Kopf.

Menschen sind witzige Wesen. Manchmal. Manchmal sind sie zu bemitleiden, manchmal zum Auslachen. Manchmal sind sie zum Heulen. Manchmal sind Menschen grausam.

Ich hasse das bloße Wort »hassen«. Aber manchmal, manchmal hassen Menschen andere Menschen. Manchmal hassen sie, um irgendetwas zu hassen.

Manchmal sind Menschen traurig. Sprachlos.

Aber manchmal, manchmal gibt's Hoffnung. Einen Lichtblick.

Manchmal sind Menschen zum Gernhaben, zum Lieben, zum Lebenteilen.

Menschen sind und bleiben Menschen.

Würde ich die Sätze der anderen aufschreiben, sammeln, so könnte ich eine ganze Romanreihe schreiben und würde trotzdem nichts verstehen.

Menschen sind rätselhaft.

Menschen können ermutigen: »Du läufst ja wie eine Gazelle, da wird einem vom bloßen Zusehen schon fröhlich zumute.«

»Gut, weiter so«, sagten die Leute, und ich lief weiter, obwohl ich vor langer Zeit schon aufhören wollte zu laufen.

Und in dem Moment, in dem ich nicht glücklich sein will, weil ich Angst habe vor dem, was kommt, sagten sie liebevoll zu mir: »Lass das Glück passieren und genieße es.«

Abends sitze ich mit den Beinen schaukelnd hoch oben auf dieser Mauer. Und schaue mir den Sonnenuntergang an.

Und das süße, weise, verheiratete Ehepaar sagt: »Nicht springen, das Leben ist viel zu schön. Besonders heute, weil die Sonne scheint.«

Manchmal berühren mich die Sätze der anderen. Sie ändern die Perspektive. Meine Perspektive.

Und manchmal, da brauche ich nur ein paar Worte. Sätze. Wortfetzen, die mich ganz unerwartet treffen, berühren und verändern.

Auf einem Bild steht geschrieben: »Der Kopf ist rund, damit das Denken die Richtung ändern kann.«

Aber das klappt nicht immer von alleine. Manchmal benötigt es dazu die Sätze der anderen.

Irgendwie wird irgendwann alles gut.

Ich weiß nicht, wie das »Alles gut« aussieht. Aber es wird mit Sicherheit spannend.

Und so lange lausche ich weiter den Sätzen der anderen.

Denn jeder Mensch hat so viel zu geben, so viel zu erzählen.

Wir Menschen sind doch eigen. Und irgendwie auch wunderbar.

Wir sind eben Menschen. Fabelhaft, aber nicht fehlerfrei.

Und manchmal, ja, leider ziemlich oft sogar, verletzen die Sätze der anderen.

Und täglich steht man vor der Herausforderung, nicht jedes Wort auf die Goldwaage zu legen.

Denn nicht alle Worte, nicht alle Sätze, sind Gold wert.

Und manchmal zählen Taten mehr als Worte.

Die Umarmung mehr als das bloße Versprechen.

Das Zuhören mehr als unnötige Ratschläge.

Nicht umsonst sagt der schlaue Spruch auf meinem Teebeutel: »Wähle deine Worte mit Bedacht.«

Stillschweigend sitze ich da. Stillschweigend beobachte ich.

Irgendwie wird irgendwann alles gut.

Aber ich weiß nicht wann und wie genau. Und das macht mir Angst.

Ich würde so gerne an morgen und übermorgen denken, doch dabei vergesse ich fast täglich, im Heute zu leben. Ich kann nicht eine Sorge von morgen kleiner machen, wenn ich heute schon an sie denke.

Denn du sagst, ich solle nicht an morgen denken, du sagst, wir genießen das Hier und Jetzt heute. Und morgen, ja, morgen machen wir damit weiter.

Und so oft sollte ich auf die Sätze der anderen hören. Aber so viel öfter auch nicht. Denn es ist egal, was die anderen über mich sagen und denken, hast du zu mir gesagt, während du mich in den Arm genommen hast. Dir vertraue ich.

Irgendwie wird irgendwann alles gut.

Und bis dahin trinke ich weiter Tee, auf dem geschrieben steht: »Liebe ist Seligkeit.«

Ja, bis dahin glaube ich weiter an deine Worte und lass mich umarmen.

Ja, bis zu diesem Irgendwann werde ich weiter zuhören und Texte über die Sätze der anderen schreiben.

Parfumflecken

Den ganzen Tag hab ich mich abgehetzt. Kaum ein Wort verstanden, weil, sorry, nicht zugehört. Keine Zeit. Ich steh unter Strom und muss auch eigentlich jetzt weiter. Sprinte durch die Straßen. Keine Zeit, halt mich bloß nicht auf. Ich muss doch ein Häkchen nach dem anderen auf meine To-do-Liste setzen. Alles abarbeiten und jeden abfertigen.

Ich muss dann – genau zu diesem einen Zeitpunkt – fertig sein, da bin ich verabredet.

Und so sitze ich zum vereinbarten Zeitpunkt fast fertig, fix und fertig mit den Nerven, vor dem Spiegel. Bereit zu gehen. Bloß wohin, frage ich mich und gucke auf mein Handy. Absage, Absage, Absage.

Und so kann ein Strich durch die Rechnung aussehen. Durch meine Rechnung. Diese ist diesmal nicht aufgegangen.

Und so habe ich Zeit. Seit Wochen das erste Mal. Und ich denke nach.

Denke an die verschwendete Schminke in meinem Gesicht und daran, wie viele Milliliter Parfum ich jetzt wohl umsonst versprüht habe.

Denke an all die Parfumflecken, die ich irgendwann mal aus Versehen verursacht habe.

Und das Kleid, das Top und die Jacke, ja, sie riechen immer noch nach diesem Parfum, nach diesem Moment.

An welche Momente werde ich mich irgendwann mal erinnern? An all diese Nächte, in denen ich nach Parfum roch, an die Nächte, in denen ich schlief, oder an diese Nacht, in der ich nachdenke, weil ich versetzt werde. Ich, die alles versetzt, damit niemand versetzt wird. Ich, die trotzdem nie Zeit für irgendwas hat.

Und gerade, ja, gerade will ich weiter darüber philosophieren, wo der Parfumfleck herkommt. Denn an diesem Abend, in diesem Moment schien alles so perfekt.

Und ich ärger mich, weil der Fleck so riesige Spuren mit sich zieht. Und wahrscheinlich wird der Fleck bleiben und mit ihm all diese Erinnerungen.

Aber du bist weg. Aber alles riecht noch nach dir.

Und dieser Duft ist jetzt für immer abgespeichert und wird mich für immer an dich erinnern.

Jedes Mal, wenn ich das Parfum benutze, denk ich an dich und daran, dass es ein guter Abend werden wird.

Aber wach ich morgens auf, so ist mir schlecht, denn nichts ist mehr, wie es war.

Und ich versuche alle Erinnerungen auszulöschen, aber schließ ich die Augen, ist alles wieder da.

Die Blicke, die Schritte, die Worte.

Und die Orte, die für immer besonders bleiben werden.

Und all diese Lieder, sag, kannst du sie noch hören?

Es gibt Lieder, die kann ich nie wieder hören. Sie erinnern mich an zu viel.

Noch hartnäckiger als diese Parfumflecken.

»La vie est belle!«

Ja, und so soll es bleiben. Keine anderen Erinnerungen will ich damit verbinden.

Diese Parfumschachtel, eingepackt in rosa Papier mit einer dicken Schleife und einer wunderschönen Blume oben drauf.

Nutz es sparsam und nur in besonderen Momenten, sagte quasi der Beipackzettel, den es gar nicht gibt.

Und ich habe dir nicht zugehört. Mal wieder.

Ich sage immer so groß, dass ich zuhöre, multitasking-fähig bin. Doch schon das Zuhören, Nachdenken, und Ratschlägegeben überfordert mich.

Wie soll ich dir helfen, wenn meine Welt selbst in Trümmern liegt?

Irgendwann merke dann auch ich, dass ich dir tatsächlich nicht zugehört habe. Und es tut mir leid. Doch das nächste Mal höre ich schon wieder nicht zu.

Deine Lippen bewegen sich, aber die Töne kommen nicht an. Ich höre nichts. Verstehe nichts. Sehe nichts. Fühle nichts. Sag, wann hört das auf?

Ich starre auf die Parfumflecken und will, dass wieder alles wird, wie es mal war.

Das Shirt schneeweiß, der Kopf so leer und das Herz so voll.

Das Glas war leer und du nahmst meine Hand. Alles vergessen. Alles ausgeblendet. Und ich war vollständig.

Der Parfumfleck war mir plötzlich so egal. Denn »la vie est belle«.

Und manchmal muss man einfach machen, nicht denken – und leben.

Denn manchmal beginnt das Leben da, wo all die Gedanken am Ende sind.

Ich denke nicht an später, lebe jetzt. Ich denke nicht daran, wie ich den Parfumfleck entferne, sondern daran, dass es gerade gut riecht.

Denn für dich lohnt sich jeder Parfumfleck. Keine Schminke wird verschwendet. Denn dir ist es egal, ob ich sie trage oder nicht.

Ich höre jetzt wieder zu, denn all die Dinge auf meiner To-do-Liste sind auf der Was-soll's-Liste verschwunden.

Ich bin fertig. Bereit loszugehen. Bloß wohin, frage ich mich und erblicke dich. Ich nehme noch einen Sprühstoß von dem süßen Parfum. Denn die Flecken sind mir plötzlich ganz egal.

Die Bibliothek

Ich habe einen Schlüssel gefunden und lange danach das passende Schloss. Die Tür ging auf. Ich betrat die riesige Bibliothek und schaute mir all die wunderschönen Bücher an und zog eins aus dem Regal, das schönste. Es hatte Risse, Gebrauchsspuren, Eselsohren, aber dennoch strahlte es so hell. Ich packte es, setzte mich in den alten, verstaubten Ohrensessel direkt neben der noch brennenden Lampe. Es ist noch nicht so lange her, da war hier jemand. Ich öffnete das Buch und begann zu lesen:

»Zu lange habe ich mich gefragt, was das alles soll.

Zu welchem Zweck.

Zu lange nachgedacht und nichts gemacht.

Und festgestellt, dass der richtige Moment irgendwann vorbei ist. So lange gewartet. Gewartet und gewartet und trotzdem den Zeitpunkt des Absprungs verpasst.

Verpatzt.

Ich dreh die Zeit zurück.

Tick Tack. Tack Tick.

Zurück zum Anfang. Wo fing alles an?

In meinem Kopf beginnt alles von vorne. Und so bau ich mir eine zweite Welt auf. In die ich ab und zu, immer mal wieder, aber immer öfter, verschwinde. Abwesend im echten Leben.

Die Erinnerungen bleiben. Aber damit sie wirklich niemals verschwinden, spielt sich alles immer und immer wieder von vorne ab. Von ganz vorne. Von Anfang an. Nur das Ende würd ich gerne ändern.

Und überall diese Dinge, die mich an alles erinnern.

Und ich rieche noch das Parfum, das du getragen hast. Dreh mich um, immer wenn ich es woanders wiedererkenne.

Tick Tack. Tack Tick.

Noch ein Stück zurück. Zurück in den Moment, in dem meine Welt für einen Augenblick still stand und mein Herz vor purem Glück Luftsprünge vollbrachte.

Meine Füße mich automatisch wie auf Wolken trugen und mein Mund so ein echtes, aufrichtiges, breites Lachen formte, wie noch nie zuvor.

Ja, genau in diesen Moment will ich zurück. Und dann, dann halt ich die Zeit an. Dieser Moment soll für immer zeitlos bleiben. Denn das, ja das, waren alle guten Eigenschaften der Welt auf einmal. Ich will die Zeit anhalten, da in diesem Moment. Und nicht daran denken, wie danach alles kaputtgehen kann. So zerbrechlich wie eine Luftblase, die platzt.

Was machst du, wenn es so plötzlich über dich kommt? Dieses Gefühl, was du nicht ändern kannst. Wenn du es die ganze Zeit verhindern willst und es dir dann doch so plötzlich begegnet. Abgeschlossen, nichts erwartet und dann dich getroffen.

Schon im ersten Moment hab ich es befürchtet. Doch du, du bist unerreichbar. Das dachte ich. Angeschwiegen, nie geredet und alles verstanden. Gelacht, worüber, das weiß ich nicht mehr.

Unverhofft kommt oft. Und da warst du. Schaust durch all die Leute durch und unsere Blicke treffen sich, verboten, denn ich will das nicht. Will dich nicht, weil ich dich nicht haben kann.

Nächtelang wach gelegen, weil ich an nichts anderes denken konnte. Und manchmal, da hatte ich Träume. Träume die eh nie wahr werden, das dachte ich.

Aber manchmal, ja, manchmal werden Träume wahr. Und sind plötzlich keine Träume mehr.«

Ich schließe das Buch, Tränen laufen über die Wange. Ich stelle das Buch zurück. Dahin, wo ich es gefunden habe.

Ich verlasse die Bibliothek, die voll mit den Lebensgeschichten der anderen ist. Lass den Schlüssel liegen, schließe die Tür. Ausgesperrt.

Ich schreib jetzt meine eigene Geschichte und fang wieder zu träumen an.

Denn manchmal, ja, manchmal werden Träume wahr.

Mit dem Rücken zur Wand

Rückwärtsgehend die Rückwärtssuche angefangen.

Aufgefangen. Hingefallen.

Lebe alles rückwärts. Mit dem Rücken voran. Rückwärtsgang.

Meine Wahl fiel auf die Qual des Rückwärtsgehens. Den Mut nicht gefunden, vorwärts zu gehen.

Zu streben nach all den Dingen.

»Zu klein geträumt« könnte der Stolperstein sein. Mein Stein.

Angst vor dem, was kommt, und den Rückwärtsgang eingelegt.

Vorsicht, da ist 'ne Wand.

Nicht mit dem Kopf, sondern mit dem Rücken zuerst.

Habe so viel Angst vor dem, was kommt, und seh dabei die Gefahr des Rückwärtsgehens nicht. Die Gefahr des Rückwärtsdenkens.

»Nimm dich in Acht!«, hab ich gedacht und fiel mit viel Bedacht. Mit zu viel Bedacht.

Ich denke viel. Zu viel. »Hör auf zu denken!«, haben sie schon gesagt.

»Hör auf zu lenken, lass dich führen«, sagten die Tänzer.

Das geht doch nicht.

Ich kann das nicht.

Ich will das nicht.

Manche Unendlichkeiten sind eben doch irgendwann mal endlich.

Endlich am Ende. Am Ende des rückwärtsgewandten Rückwärtsgehens. Nicht mehr zurück, nur noch nach vorne. Vorwärts. Aufwärts. Immer weiter nach oben strebend.

Kein Traum zu groß.

Die Wege werden entstehen, indem ich loslaufe, verweile, stehen bleibe, renne, spazieren gehe, nach oben sehe, lache, weine, indem ich renne, krabble, sprinte, trödle. Sie werden entstehen. Durch das bloße Vorwärtsgehen.

Nicht mehr mit dem Rücken zur Wand, sondern ich bin nun vorwärtsgewandt, vorwärts gerückt. Die Wand verrückt. Ich bin verrückt. Habe den Standpunkt geändert.

Ich habe mich verändert.

Die Sicht geändert und das Leben meines Selbst verändert.

Durch den Richtungswechsel.

Mit dem Rücken zur Wand. Gegen die Wand gelaufen. Dagegen gedonnert. Die Wand hat nachgegeben. Ich bin gefallen und habe keiner Hand vertraut.

Nicht beim Fallen, nicht beim Aufstehen.

Und so lernte ich das neue Sehen. Die neue Sicht.

Ja, vielleicht sogar ein Stück Zuversicht.

Sie kam in Wellen.

Das wird schon werden. Irgendwie.

Nur nicht mehr zurückschauen und dabei fallen.

Vorwärts, aufwärts – das ist das neue Rückwärts.

Aber nicht mit dem Rücken vorwärts, sondern mit meinem Herzen.

Mit dem Rücken zur Wand gerichtet. Anlehnen und den Kopf nach oben ausrichten.

Die Sonne strahlen, die Sterne leuchten sehen.

Sonne, Mond und Sterne.

Wir, du und ich, sie und wir.

Irgendwo da vorne, da ist ein Weg. Vielleicht auch nicht.

Ich geh trotzdem los. Rastlos, aber nicht rückwärts.

Nicht mit dem Rücken, sondern mit dem Herzen voran.

Vorwärts.

Kein Traum zu groß.

Kein Abenteuer zu klein.

Eine Portion Mut, Zuversicht, Stärke, Wille, Liebe.

Ich geh einfach los.

Und brauch ich 'ne Pause, lehn ich mich mit dem Rücken an die Wand. Aber nie mehr dagegen.

Ich schau mir die Wand an, zuck mit den Schultern. Nehme Anlauf und springe drüber. Denn mit dir kann ich sogar über Mauern springen.

Mauern und Wände. Mit dem Rücken zur Wand. Die Wand ist weg. Und die Hand ist da. Deine Hand.

Hand in Hand. Vorwärts. Aufwärts. Die Rückwärtssuche vorwärtsgehend eingestellt.

Nach den Sternen greifen

Den ganzen Tag die Sonne nicht gesehen, den Strand nicht bewundert und die Salzluft nicht eingeatmet. Den ganzen Tag die Decke angestarrt und gehofft, dass alles nur ein Traum war.

Nach stundenlangem Überlegen den Schal gegriffen, die Schuhe angezogen und die Jacke übergezogen. Ich muss an die Luft. An den Strand und das Meeresrauschen hören, das friedliche Meer beobachten und mit jeder ankommenden Welle schwimme ich weiter weg.

Die Sonne geht unter. Wie ein roter Feuerball, der gleich im Meer gelöscht wird. Diese Farben, ja, das sind meine Lieblingsfarben. Das Himmelblau, der Rotton und die leichten Rosatöne. Die Wolken sind so wunderschön bunt, so lange haben wir darauf gewartet.

Und hinter uns geht der Mond auf, kugelrund, und du meinst einen eingerollten Dachs auf ihm abgebildet zu sehen.

Wo soll ich hinsehen? Zur untergehenden Sonne oder zum aufgehenden Mond? Tag oder Nacht? Wo steht mir der Kopf? Und wo bist du?

Du hast gesagt: »Manche Dinge vergehen so schnell, wie sie passieren. Manche Momente bleiben nur kurz und man soll versuchen, sie festzuhalten.«

Ich habe dich nicht verstanden. Wusste nicht, wovon du redest. Sag, kannst du es noch einmal wiederholen?

»Lass uns dorthin fahren, wo die Sterne das Meer berühren.«

Sag, kannst du die Sterne sehen? Sie berühren wirklich das Meer. Ich strecke beide Arme aus und versuche, die Sterne mit meinen Händen zu fangen. Die Sternschnuppen zu behalten, damit ich mir so viel wünschen kann. Dabei will ich eigentlich nur eins.

Und du, du hilfst mir. Holst mir die Sterne vom Himmel und hebst mich hoch, damit ich größer bin. Du schaust dir mit mir die Sterne an und sagst so schöne Dinge. Und dabei legst du deinen Arm um mich.

Ich lache so sehr. Ich bin so glücklich. Nur dass ich das nicht merke. Sondern erst danach, wenn die Sterne wieder am Himmelszelt leuchten, weil du sie zurückgeschossen hast. Ja, du sagtest so schön: »Ich hab dich lang nicht mehr so strahlen gesehen.«

Ja, ich war so glücklich und zufrieden, weil du kamst. Aber du hast für Chaos gesorgt, meine Welt verdreht. Ich wusste 'ne Zeit lang nicht, wo oben, unten, hinten, vorne ist.

Ich vertrau dir nicht. Ich lach auch nicht mehr so viel.

Ich will wieder die Sterne halten und mitleuchten.

Sag, wo bist du?

Ich werde gefragt, was ich noch alles sehen will, was ich erleben will.

Ja, ich will die Welt sehen. Alles bewundern und Wunder für Wunder erleben.

Aber gleichzeitig will ich nicht weg. Nicht weg von hier. Nicht weg von dir und ihnen. Ich will bleiben. So wie ich bin und da, wo ich gerade bin.

Von allen Seiten wird man festgehalten und doch wieder weggeschubst. Es dreht sich alles so schnell, aber ich will gerade einfach mal stehen bleiben und den Weg suchen. Damit ich das Ziel finden kann. Die Orientierung wiederfinden.

Und mitten im Chaos, da stehst du. Nicht gesucht und doch gefunden.

Ich habe so viele Fragen, von denen ich nicht mal weiß, wo sie herkommen, und eigentlich weiß ich, dass es dazu auch keine Antworten geben kann.

Aber das hindert mich nicht daran, diese Fragen trotzdem zu stellen. Und mit ihnen zu fallen.

Das Licht geht wieder an, aber dadurch wird es nicht wirklich heller, nicht klarer. Die Sicht so trüb.

Nicht geträumt und trotzdem aufgewacht.

Aber weißt du was? Eigentlich kann es mir egal sein.

Ich habe nichts zu verlieren.

Und im Zweifelsfall, da bleiben die Erinnerungen. Die ganzen Bilder und Lieder.

Ich habe gewartet. Auf die lila Wolken und wieder auf den Sternenhimmel.

Hier bleibe ich.

Da, wo die Sterne das Meer berühren, die Sonne das Meer küsst und die Wolken in meinen Lieblingsfarben leuchten.

Ich greife wieder nach den Sternen und leuchte mit ihnen. Ja, ich lache von Herzen.

Weil ich mich endlich am Finden bin. Weil ich glücklich und zufrieden bin.

Weil ich hier Ich sein kann. Ich, so wie ich bin.

Und jetzt, jetzt stell ich mich auf die Zehenspitzen und greife nach den Sternen.

Die sind gar nicht so fern, wie alle sagen.

Denn du, du stehst direkt neben mir.

Über den Mut, den Wind und die Freiheit

Die Unterlagen stapeln sich auf meinem Tisch. Seit Wochen keinen Mut aufgebracht, den Stapel abzuarbeiten.

Ich mache die Lampe aus, schließe die Tür hinter mir. Zugezogen. Ausgesperrt. Ich lasse den Stapel weiter verstauben.

Die Masse macht das Gift. Das Maß ist voll. Die Flut, die das Fass zum Überlaufen gebracht hat, ist da.

Ich geh raus. Meine Haare flattern im Wind.

Die Frisur ist zerstört. Aber das interessiert mich nicht. Nicht mehr. Schon lange nicht mehr.

Der Wind bringt mich vom Weg ab. Von meinem Weg. Ob er richtig oder falsch ist? Das weiß ich nicht. Aber was würde es ändern? Der falsche Weg ist mit Sicherheit der einfachere. Und der richtige der steinige. Richtig oder falsch? Das ist doch ganz egal, denn es ist mein Weg.

Und lass dir sagen, auch der dunkelste Weg führt ins Licht!

Die Augen haben sich an die Dunkelheit gewöhnt und sehen trotzdem die blinkenden Lichter in der Ferne.

Wärst du nur hier.

Es fängt zu regnen an. Dicke Tropfen fallen auf die Erde. Ich gucke nach oben und fange zu lachen an.

Und schau her, ich tanze. Ich tanze im Regen.

Andere würden sagen: »Sie bleibt stehen«, »Sie dreht sich immer nur im Kreis.«

Aber schau mal genauer hin.

Zweimal rechts herum, dreimal links herum. Schritt für Schritt, Drehung für Drehung nach vorne.

Langsam, aber sicher.

Fünfmal hintereinander gedreht. So lange, bis mir schwindelig ist.

Das Meer direkt vor mir.

Aber sag mir, warum dreh ich mich noch einmal um? Warum schau ich zurück? Da zwischen den Dünen. Ich könnte das Meer sehen und schaue zurück. Warum? Warum will ich die Schönheit nicht sehen?

Schon Paracelsus sagte: »Alle Dinge sind Gift, und nichts ist ohne Gift. Allein die Dosis macht, dass ein Ding kein Gift ist.«

Die Dosis nicht eingehalten.

Warum ich zurückschaue? Weil mich etwas zurückhält. Irgendetwas. Irgendjemand. Sag schon, hältst du mich fest?

Lass mich los! Ich will das Meer sehen, loslaufen, hinfallen, aufstehen, untertauchen, auftauchen. Einatmen, ausatmen. Mich treiben lassen.

Nur noch nach vorne. Ich renne los, mit beiden Füßen im Sand. Schritt für Schritt. Ich tanze, drehe mich und jetzt, ja jetzt, kann ich das Meer sehen.

Du sagst, dir sei kalt. Die Sonne wird von der Wolke verdeckt. Schließe deine Augen. »Los vertrau mir!«, hast du damals gesagt. Jetzt bist du an der Reihe, vertrau mir, schließ deine Augen. Lass uns fliegen. Dorthin, wo die Sonne scheint. Dort, wo wir in der Hängematte direkt am Meer liegen.

Wo willst du hin? Ich komme mit.

Komm, schließ deine Augen. Lass uns fliegen. Wegfliegen, hinfliegen. Aufstehen und weitergehen.

Einfach wegfliegen.

Ich stehe auf der Bank, breite meine Arme aus. Die Frisur zerstörter denn je. Aber das interessiert mich nicht mehr. Ich spüre den Wind in meinen Armen, als wäre es Wind in den Segeln. Und das ist Freiheit. Meine Freiheit. Niemand und nichts, der mich hält. Der Wind flüstert leise, aber sicher in mein Ohr.

Und endlich hab ich den Mut gefunden.

Ich setzte Unterschrift für Unterschrift unter die vorgeschriebenen Wörter und entstaube so den verstaubten Unterlagenstapel dort auf meinem Tisch.

Und pflastere so meinen Weg.

Ich habe plötzlich nicht mehr das Gefühl, dass mir etwas oder jemand die Freiheit nehmen könnte. Auch nicht diese Unterschrift.

Denn es ist mein Weg.

Und so frei, so frei wie da am Meer, wie da auf der Bank, so frei bin ich nirgendwo sonst.

Und so frei, so frei, wie ich mich da gefühlt habe, so frei fühle ich mich immer noch. Denn es kommt von innen.

Und das, ja das, ist Freiheit.

In den Dünen

Ich laufe los. Bin fast da. Da in den Dünen, weit weg vom Trubel.

Auf der Bank mitten im Nirgendwo.

Die Halme knicken, die Drachen steigen, das Meer rauscht, die Sonne scheint, die Möwen sagen mir: Ich bin am Meer.

Da sind Schiffe in der Ferne. Ich spüre das Salz auf der Haut, den Wind in den Haaren und den Duft in der Nase.

Die Büsche rauschen und ich fang an zu begreifen, wie wunderbar die Schöpfung ist.

Der Wind bläst alle dummen Gedanken weg, endlich wieder kann ich klare Gedanken fassen. Glasklar, Himmel ohne Wolken, klare Gedanken.

Der Wind weht durch meine Haare, das Meer kann ich sehen und hören, Salz und Sand auf der Haut, die Sonne scheint und die Möwen schreien; ich bin da.

Eben noch bin ich Fahrrad gefahren – wie damals als Kind. Und der Gegenwind kam, er wurde heftiger, ich konzentrierte mich auf die Anstrengung und vergaß dabei beinahe das Strampeln. Ich wollte aufhören und losweinen – wie damals am Berg.

Eben noch war ich laufen, bin weggelaufen. Und da war dieser Duft, der Duft des Sommers. Des Sommers, an dem ich meinen Koffer mit Spielsachen packte, nachts ins Auto stieg, zu früh mein Frikadellenbrötchen aß und später den Sommer meines Lebens hatte. Das Grillen, das Chillen, die Unbeschwertheit, den Crèpe, die Spaghetti, das Fahrradfahren. All das war eben mal da.

Eben noch hab ich die spielenden Kinder beobachtet. Die Regeln sind immer noch die gleichen, wie damals. Die Jungs prügeln sich aus Spaß, aber einer will nicht mehr und sagt: »Stopp mal bitte.« Und das genügt, um ihm eine Pause zu gönnen. Er wird in Ruhe gelassen.

Die weiße Flagge gehisst, den Frieden angenommen.

Heute dieselbe Flagge gehisst, den Krieg bekommen.

Eben noch habe ich die Mädchen gesehen, die ein Rad schlagen, einen Handstand machen und einen Kopfstand können. Es ist wie früher. Mädchen machen das, vor vielen Leuten. Doch es ist wie früher, ich kann es nicht.

Ich sitze still da und beobachte schweigend. Sehe die Bühne mitten in den Dünen. Sehe Pärchen und die Leute gaffen mich an. Also jedenfalls denke ich das.

Ich denke über die Gedanken der Denkenden nach, die wahrscheinlich gar nicht über mich nachdenken.

Die Sonne geht an einem Freitag unter. Der Mond kommt. Ja wirklich, es ist zunehmender Mond. Neben dem Mond leuchten die Sterne.

Und so blick ich in die Ferne.

Die Schiffe sind immer noch da, aber jetzt beleuchtet. Ohne Dunkelheit würde das Licht nicht leuchten.

Es wird kalt. Meine Jacke reicht nicht mehr.

Früher, da reichte der Pulli. Uns war warm, so viel sind wir gerannt.

Eben noch hab ich die Jungs gesehen, bis einer weint, hab ich gedacht, so wie es früher immer von den Eltern geschimpft wurde. Bis einer weint hab ich eben noch angepisst gedacht. Und jetzt weint der Junge. Und so wurde ich erwachsen. Vom Kind zum großgewordenen Kind.

Eben noch schien alles so friedlich, und jetzt ist die Sonne weg.

Und jetzt sitze ich auf der Bank, mitten in den Dünen, aber es ist eine andere. Ich gucke jetzt auf das Meer, nicht mehr auf den Deich, denn ich bin erwachsen geworden.

Die Regeln sind die gleichen, das Spiel hat sich geändert.

Die weiße Flagge zählt nicht mehr. Es gibt keinen Spielstopp mehr.

So ist es, so ist das Spiel des Lebens. Nur dass es absolut kein Kinderspiel ist. Wobei, versuchen könnte man es. Die Regeln sind die gleichen.

Das Leben unbeschwert genießen, öfters schaukeln gehen, die Seele baumeln lassen, das Leben entschleunigen, einmal mehr »Spielstopp« sagen, den Handstand so lange üben, bis es klappt, und es als Kopfstand bezeichnen, wenn die Welt wieder einmal Kopf steht.

Die Fahrtrichtung ändern und aus dem Gegenwind den Rückenwind machen. Oder die Hand am Rücken zum Schieben annehmen, denn du bist immer in seinen geliebten Händen.

Den Koffer einfach packen und den Sommer deines Lebens verbringen.

Die weiße Flagge gehisst.

Ich laufe los. Bin fast da. Da in den Dünen weit weg vom Trubel.

Auf der Bank mitten im Nirgendwo.

Die Halme knicken, die Drachen steigen, das Meer rauscht, die Sonne scheint, die Möwen sagen mir, ich bin am Meer.

Da sind Schiffe in der Ferne. Ich spüre das Salz auf der Haut, den Wind in den Haaren und den Duft in der Nase.

Die Büsche rauschen und ich fang an zu begreifen, wie wunderbar die Schöpfung ist.

Der Wind weht durch meine Haare, das Meer kann ich sehen und hören, Salz und Sand auf der Haut, die Sonne scheint und die Möwen schreien; ich bin da.

Manche Dinge ändern sich nicht, ändern sich nie, so wie

In den Dünen

Dank

Ich habe gern das letzte Wort, aber viel bleibt mir nicht mehr zu sagen. Außer Danke! Danke an 'ne Menge genialer Menschen!

Ich danke meiner lieben Mama von Herzen dafür, dass sie mich so sehr liebt, immer an mich glaubt, und dafür, dass ich sie jeden Tag bewundern darf, für ihre Stärke und ihr großes Herz! Mama, ich hab dich lieb!

Und Danke an meinen Bruder, der mich noch heute im Puppenwagen durchs Leben fahren würde, wenn wir beide es könnten. Auch dich hab ich lieb, du Spinner!

Ich danke meinen besten Freunden! Ohne euch wäre ich heute nicht die, die ich bin. Ihr glaubt an mich, wenn selbst ich es nicht mehr kann! Ihr seid immer da und unterstützt mich. Nehmt mich so, wie ich bin; liebe euch!

Danke auch an Martin und Claudia für die Recherchen bezüglich meiner Fragen! Danke, dass das Angebot, dass ihr für mich da seid, immer steht!

Ich danke Sascha Kirchhoff dafür, dass er mich 2016 in der Schule ansprach und nicht lockerließ, mich zum Schreiben animierte und meine ersten Auftritte verfolgte und für immer mein größter Fan bleibt. Ich danke dir für dein geniales Stimmgeber-Projekt, für das ich selbst schon schreiben durfte! Du bist toll!

Ich bin Regina Groot Bramel sehr dankbar für ihr großes Engagement. Dafür, dass sie mir den Patmos Verlag ans Herz legte und das erste Gespräch in die Wege leitete. Ich danke dir dafür, dass du mich seit meiner ersten Reitstunde nicht vergessen hast!

Ich danke Leon Schmidt für die tapfere Unterstützung beim Dreh der Videos zu einigen Texten! Danke, dass du dir so viel Zeit genommen hast!

Ich danke dem tollen Lektor Burkhard Menke für seine Geduld und Arbeit; dass er nicht locker ließ, mein Buch durchzubekommen. Dafür, dass er von Anfang an an mein Buch glaubte. Danke für deine tolle Arbeit und die Überwindung, gemeinsam mit Regina und mir in bester Kleidung ausreiten zu gehen!

Und ich danke der lieben Anja Hager von Herzen für ihr Verständnis, ihre Geduld und die tolle Arbeit, mit der sie auch meine letzten Zweifel beseitigt hat und für die etlichen E-Mails, in denen sie meinen kritischen Fragen standhielt. Danke für alles, Anja!

Ach ja, und ich danke auch allen Menschen, die sich über mich lustig gemacht haben oder immer noch machen. Ihr habt mir genug Gründe gegeben, das Projekt durchzuziehen. Denkt, was ihr wollt, das ist mir egal. Auch ihr seid voller Wunder. Aber erstmal seid ihr ziemlich verwunderlich. Aber egal, abgehalten habt ihr mich nicht!

Ich bin unendlich dankbar für all die tollen Menschen in meinem Leben; ihr seid ein Segen! Bleibt so und nochmal herzlichen Dank für alles! Ihr seid wundervoll!

Soli Deo Gloria.